Resan Falun-Røros

Från världsarv till världsarv med häst och släde

Britt Spånberg
Tallmoen
2443 DREVSJØ

Resan Falun-Røros

Från världsarv till världsarv med häst och släde

Sigurd Svendsen & Stefan Quinth

Till minne av
Leif Grindal
1927 -2003

Drömmen om en Resa

Att åka med häst och släde, göra den "Stora Resan", på forvägen mellan Falun och Røros, hade länge varit min dröm. Med dagens milda vintrar utan snö och med dåliga isar, kändes resan dessvärre nästan omöjlig. När vi planerade resan, undrade folk ofta vad vi menade när vi nämnde, *forresa* eller *forvägen*? Vad innebär ordet *fora*? Det är ett gammalt ord som betyder, "köra varor mot betalning". Den mesta forkörningen inträffade under vinterhalvåret när det var kallt. Hela 80 procent av alla varutransporter på min farfars fars tid gick längs vintervägar. En mild vinter i Dalarna-Femund-området kunde orsaka nödår. För att lära oss mer om gamla tiders forkörning planerade vi att återskapa en riktig *forresa* vintertid år 2003. Kulturen från denna tid ligger endast kvar som utspridda pusselbitar i det moderna samhället. Det var mycket förarbete med att finna de små fragment som fortfarande lever kvar. Förutsättningen för resan var att vi med forlass skulle ta oss fram den gamla vintervägen, använda tidsenlig utrustning, äta liknande mat och övernatta på samma sätt som forkörarna en gång gjort. En resa som, mot alla odds, blev verklighet. Jag hoppas att denna bok får Er att förnimma en glimt av svunna tider precis som vi gjorde, när foran drog fram genom det storslagna vinterlandskapet. Genom boken kan ni följa oss på resan via fantastiska bilder, spännande berättelser och historier om livet på färdasgårdarna och om forkörarna, som kom som en frisk fläkt. Gemensamt för forkörarna var den glada humorn, som Såg Anders Wester skriver i sina dagboksanteckningar: *"Skulle det finnas en forkarl som inte tålde skämt, gjorde han bäst i att stanna hemma."*

Lycka till på färden.

Sigurd Svendsen

Innehåll

Vintervägen

Resan Falun - Røros
Dagsprogram

Söndag 2/2 – Falun—Grycksbo—Sågmyra
Måndag 3/2 – Sågmyra—Tällberg—Laknäs
Tisdag 4/2 – Laknäs—Rättvik
Onsdag 5/2 – Rättvik—Sollerön—Vinäs
Torsdag 6/2 – Vinäs—Mora—Blyberg
Fredag 7/2 – Blyberg—Älvdalen
Lördag 8/2 – Älvdalen—Brunnsberg—Åsen

Söndag 9/2 – Åsen—Hållstugan
Måndag 10/2 – Hållstugan—Flyktan
Tisdag 11/ 2 – Flyktan—Sigurds skogsläger
Onsdag 12/2 – Sigurds skogsläger—Särna
Torsdag 13/2 – Särna—Idre
Fredag 14/2 – Idre—Lomviken
Lördag 15/2 – Lomviken—Drevsjø—Sorken

Söndag 16/2 – Sorken—Tufsingdalen
Måndag 17/2 – Tufsingdalen—Korssjøen
Tisdag 18/2 – Korssjøen—Røros

Föreningen

En vårdag 1999 var vi nitton entusiaster från Tufsingdalen, Os och Sømådalen i Norge, samt Särna, Älvdalen, Orsa och Leksand i Sverige, som bildade en förening med syftet att bevara och dokumentera forkörarkulturen i Dalarna och Femundområdet. Fyra vintrar dessförinnan hade flera av oss kört forturer i gränstrakten Särna/Storsätra till Røros marknad. Efter föreningens tillkomst ordnade vi år 2000 en utställning på Rørosmuseet som vi kallade ”Falugatan” namnet på den äldsta vintervägen mellan Falun och Røros. Denna led går genom Gutulia nationalpark och är utmärkt på en karta från 1700-talet där vägen kallades Falugatan. Under Røros marknadsdagar återskapade vi också livet i en färdasgård för att markera föreningens existens och arbete.

Allt sedan starten har många medlemmar tillkommit och vi har nu representanter från de flesta kommuner inom landskapet Dalarna och Femundområdet. Dessa eldsjälar har alla en sak gemensamt: ett brinnande intresse för forkörarkulturen, en bortglömd kultur i dagens samhälle. Det är vårt mål att bevara dessa traditioner i våra gemensamma byar och bygder.

Vi har alltid satt målet högt för oss själva; mål som har varit en viktig drivkraft inom föreningen. Resan Falun – Røros var ett av dessa höga mål; en dröm som blev verklighet; ett äventyr vi kommer att minnas hela livet.

Helge Bakken leder foran ute på Femunden.

Forkörare

Vår fora drar fram över hårdfrusen mark
Över sjöar, myrar och mo
Vildmarkens ande möter oss strak
Härute i storskogens ro

I släden bak hästens gungande rygg
Till toner av skåkklockens sång
Man känner ett lugn man känner sig trygg
Som förfäder gjorde en gång

I gnistrande sol och en snö som kristall
Naturen den visar på sitt galleri
Men även när vinden går isande kall
Och snöstormen vrålar i sitt raseri

Men foran den går ändå stadigt mot nord
Uppå sjöar så långt ifrån strand
En vackrare syn finns ej på vår jord
När kvällssol satt fjällen i brand

När dag är förbi och det lider mot kväll
Känns det skönt att resan ar slut
Och även uti det enklaste tjäll
På brits eller golv sträcka ut

Vid stockeldens fladdrande värmande sken
I kojan med tinande snö
Vår kamrat uti stallet på tröttande ben
Nu frustande äter sitt hö

Gunnar Lindberg

Kopparberget, Sveriges största under!

Ingen vet säkert när kopparmalm började brytas ur berget vid Falun. Undersökningar visar att gruvbrytningen sannolikt pågått sedan 800-900 talet, ja kanske ännu tidigare. Traktens bönder, som funnit malmen, använde sig till början av samma smältningsprocess som de gjort för myrmalm.

År 1288 omnämns gruvan för första gången i ett brev från biskopen i Västerås. Svenska herrar och utländska handelsmän från Lübeck, de så kallade bergsmännen ägde då gruvan men den svenske konungen visade allt mer intresse. För berget utfärdades år 1347 privilegier, som gällde ända fram till 1600-talet.

Vid berget var det kungens fogde som bestämde och tillsammans med bergsmännen ansvarade han för driften av gruvan. Bergsmännen som hade stora gårdar med drängar och arbetare, ägde också kopparhyttorna runt om i bygden. Driften av gruvan krävde snabbt mer arbetskraft. De flesta rekryterades ur bondebefolkningen omkring Siljan och Österdalarna, men även straffångar från hela landet fick gå fria om de tog arbete vid berget.

Under 1500-talet arbetade många dalkarlar för bergsmännen och med inslag av brottslingar från hela riket, kan man lätt föreställa sig den hårda atmosfären vid Kopparberget. Kyrkan hade därför en viktig uppgift och precis som i andra gruvstäder byggdes stora kyrkor för att arbetarna skulle få plats.

Nere på Falans handelsplats började en stor skara köpmän att etablera

Storgruvestöten, Falu Koppargruva.

Forkörare utanför Thunströms Köpmansgård. En välbevarad 1800-tals affär.

Sigurd och Evald visar Unionsflaggan hos Thunströms.

Patron (Svein Arild Jonsgård) väntar på forkörare från Norge.

sig. Genom 1347 års privilegier kunde alla fritt komma till gruvstaden för att driva handel. Bergsmännen tilläts handla på krita för att sedan betala i koppar. Svenska och framförallt tyska handelsmän tog härigenom full kontroll över all koppar som exporterades ut över hela Europa. Bara en liten andel av kopparen stannade inom landet för tillverkning av bland annat kanoner, kyrkklockor, taktäckning och hantverk.

Förr i tiden var det marknader i nästan varje kyrkby i Dalarna. Marknader som hölls efter högmässan var stora folkfester och på många platser fanns gästgivargårdar strax intill kyrkan. Både före och efter högmässan kunde det bli superi på gästgiveriet, samtidigt som alla marknadsstånd utanför lockade med handel. Detta irriterade många präster. Då kyrkans och Kopparbergets makt över bygderna var stor förbjöds Tomasmässmarknad. Folket tvingades därför att åka den långa vägen till Falun om de ville sälja sina hantverksvaror och gårdsprodukter som smör, kött, fisk och fläsk.

Gruvstaden växte nu i ett allt snabbare tempo. Under senare delen av 1500-talet framställdes ungefär 750 ton råkoppar om året. Falu koppargruva blev alltmer viktig för den svenske kungen. Det nordiska sjuårskriget var slut och den dyra uppgörelsen för att få tillbaka landets enda hamn mot Västerhavet skulle betalas till Danmark. Omfattande krigsförberedelser mot Ryssland var

En gruvarbetare från forna dagar. (Stig Johansson från kulturföreningen "Gamla Mormor")

också under planering, så det behövdes mycket pengar i rikskassan. All export skulle nu ske genom kungens köpmän. Nere i Europa började kopparmalmen tryta och på grund av detta steg den svenska kopparen i värde. År 1624 övergick Sverige till att slå kopparmynt för att ge kungen ännu mer kontroll över kopparhandeln. Det blev inte lyckat. Bergsmännen hade under hela tiden motarbetat kungens kopparmonopol och kopparmyntplattan, med sitt stora värde, blev nu istället en internationell handelsvara. En tiodaler vägde nästan 20 kilo! För att bära med sig sina pengar krävdes det att man bar dem på ryggen och större summor måste foras med häst och släde under vintern. I hela 130 år hade Sverige sin kopparmyntfot och den var helt avgörande för landets ekonomi under 1600-talet.

För att bryta loss kopparmalmen måste den först hettas upp under flera timmar. Bara i Falu gruva förbrukades hela 100 000 kubikmeter ved årligen. Skogarna runt Falun utarmades, man tvingades söka ved längre bort och 1630 började man med timmerflottning på Västerdalälven. År 1649 startade bergsbrukande borgare i Falun ett gemensamt företag, ett vedkompani, för att skaffa gruvved från Västerdalsbönderna. Koppargruvan var på sin topp och året 1650 framställdes hela 3000 ton råkoppar. Bara Japan hade en lika stor kopparproduktion under denna tid.

Under slutet av 1600-talet började nedgångsperioden för koppargruvan. År 1720 köpte bergsmännen sina första skogsegendomar och blev nu allmänt kallade "Bergslaget". Femton år senare investerades också kapital i järnproduktion. Svartnäs järnbruk köptes och företaget Stora Kopparberg föddes. Under 1800-talet tog verksamheten fart och många järnmalmshyttor och hamrar med tillhörande skogar blev uppköpta. Under tiden förlorade gruvan sina privilegier. Industrialismen hade börjat med snabba steg.

År 1862 privatiserades Stora Kopparberg och

Utstallning i Dikmanskagården som är den bäst bevarade borgargården i Falun. Här fick fyra av våra hästar plats i stallen.

styrdes av en direktör. 5000 ton stångjärn producerades om året och koppargruvan kom i skuggan av järnhanteringen. År 1894 slutade man att tillverka rent koppar. Den långa sagan om Falu koppargruva började ta slut. Sista salvan sköts dock så sent som den 8 december 1992.

Falun som var nära förknippat med gruvan blev centralort med tingsplats och fick stadsprivilegier 1641. På grund av stora stadsbränder under mitten av 1700-talet och det stora gruvraset 1687, stagnerade stadens utveckling. Först när järnvägen kom i slutet av 1800-talet blev staden på nytt ett centrum för utveckling och handel.

Den 13 december 2001 blev gruvan, det gamla stadslandskapet och det omgivande bergsmanslandskapet upptagna på UNESCO: s världsarvslista. Den forna gruvstaden befanns nu värdig att bli ett internationellt kulturminne. Man kan fundera över hur Sverige hade sett ut idag utan Falu koppargruva. Gruvan som styrde mycket av Sveriges ekonomi skapade så väl rikedom som nöd och satte färg på det svenska landskapet.

Foran lämnar Falun förbi Dikmanskagården. Här gick den gamla infarten till Falun från Siljanstrakten förbi.

Från Falu stad vi reste

För Falu gruva, Sveriges äldsta industriella arbetsplats, var vintertransporterna nödvändiga. Sålunda utvecklades teknik för forkörning här redan för mer än tusen år sedan.

- Sveriges rikedom vilar på kälkmedar, sades det.

Så har de varit genom hela historien ända från vikingatiden, tills järnvägen började överta de tunga transporterna på slutet av 1800-talet. Vid den för hela Sverige så betydelsefulla gruvan, växte snabbt ett stort samhälle upp med många tusen invånare. Marknaderna beordrades att flytta in till staden. Allt som gruvstaden behövde fraktades dit av forkörare, som kom från alla väderstreck med förnödenheter.

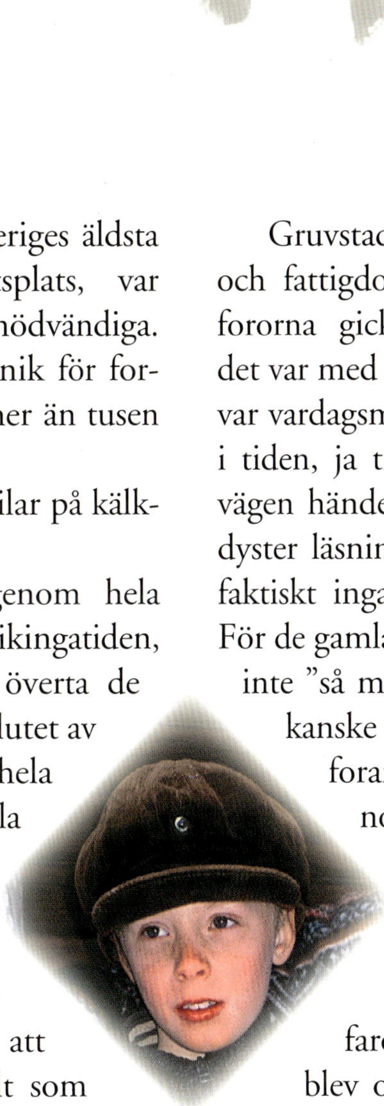

Gruvstaden, med sin rikedom och fattigdom, gav och tog. Men fororna gick oavbrutet, även om det var med livet som insats. Stölder var vardagsmat för en forkörare förr i tiden, ja till och med dråp längs vägen hände rätt som det var. Lite dyster läsning kanske, men det var faktiskt inga lustturer förr i tiden. För de gamla forkörarna var det nog inte "så mysigt", som Falunborna kanske först tänkte, när de såg foran anno 2003 köra igenom deras stad.

Forköraren sökte alla medel för att trösta sig och förträngde fruktan för alla faror utmed forvägen. De blev också både tröstade och utnyttjade. Krogar och brännvin fanns det gott om både i staden och längs vägen. Gudstron och bibeln

Foran på väg genom Falu stad.

Många forkörare träffades på forvägarna förr i tiden och blev goda bekanta. Det samma upplevde vi på vår fortur. Orsakarlen Karl-Gustav och Tufsingdøln Helge har hittat tonen!

utgjorde den andra ytterkanten. Musik, dans, kärlek och ett socialt umgänge där alla tog hand om varandra blev nog räddningen för de flesta. Forkörarna slog sig ihop och var som regel 10-15 ekipage, ibland upp till 20-30, som alla gjorde följe, höll ihop och hjälpte varandra. Tänk om någon av dessa forkarlar eller forkvinnor kunde komma tillbaka och berätta för oss! Det är till minnet av dessa människor som vi gjorde resan. Vi skall aldrig glömma hur de slet och kämpade, grät och skrattade, sjöng och spelade längs vintervägarna.

Under forturen fick också vi uppleva hur viktig den sociala gemenskapen är. Vi var ett gäng med 30 personer, en blandning av hästfolk, musiker, kultur- och naturintresserade, som gav oss iväg ut i det okända landskapet. Farorna idag, är av ett annat slag. Krogar och brännvin finns kvar, liksom kyrkor och biblisk tröst. Vi mötte inga rövare på vägen, men vi mötte heller inga forkörare som hade åkt vägen före oss. Föret genom skogar och över sjöar var okänt för oss. Vi visste heller inte hur det skulle gå att korsa nutidens sandade gator och riksvägar; eller om alla våra hästar, forkarlar och forkvinnor skulle klara av de 42 milen genom svårforcerad mark.

Många Falubor hade kommit till Stora Stöten vid gruvan tidigt på söndagsmorgonen den 2 februari 2003, för att vara med om det historiska tillfället då vi anträdde vår färd mot Røros. Andra kantade gatorna längs vår väg genom Falun. Kulturföreningen, Gamla Mormor, ställde upp klädda i gammaldags kläder för att bidra till stämningen och agera statister i filmen som spelades in. Spända och gripna av stunden drog vi iväg från Falun ut mot det okända.

Falu pojkar i tidsenligt klädsel tittar på den långa foran som åker förbi. (Alexander Darén och Elias Ögren)

STÅENDE FRÅN VÄNSTER: Hästen Lykke-Raisa, Helge Bakken, Evald Langsjøvold, Lars Björk, Mats Lindström, Arvid Svendsen, Hästen Rauen, Leif Volden, Karl-Gustav Hedling, Mikael Heed, Sigurd Svendsen, Kjell S. Kristofferstuen, Jan-Olof Montelius, Pål Rønning, Sven-Erik Johansson, Hans Portström, Svein Arild Johnsgård, Hästen Per, Per Arvid Hagen.
PÅ KNÄ FRÅN VÄNSTER: Jorid Skott Svendsen, Anette Eklund, Ole Peder Svendsen, Randi Bakken, Ulrika Nylund, Jan-Gunnar Gustafsson, Jonas Wikdahl.

Hans Portström

Åhl-Tällberg Sågmyra, Sverige

Hans född 1962

Hans har arbetat mycket i skogen. Han har varit sågverksarbetare, virkesmätare och skogsarbetare. Dessutom har han arbetat med hästkörning och jordbruk. Han är gift med Ingela och de har fyra barn.

På fritiden vill han spendera tid med familjen och sina hästar. Forturen lockade honom eftersom han har ett stort intresse för hästkörning och gamla ting.

"Bästa minnet är nog natten i timmerkojan. En sådan övernattning borde alla människor få uppleva någon gång."

Bergslagsskogen och fabrikens vagga

Från Faluns gator fortsatte vi över Stennäsbron och vidare in på Gamla fruns väg, även kallad ”Linnévägen”. Snart försvann foran in i den djupa tallskogen, som på 1700-talet var ett naket landskap. Det började snöa och vi blev snart insvepta i en trolsk vinterskog. När vi åkte på den gamla, stora infartsvägen till Kopparstaden såg vi för vårt inre, alla de som för länge sedan for fram här på denna väg. Förr gick långa foror här på vägen fullastade med varor som skulle levereras och säljas.

Efter en timmes resa mötte vi ett gammaldags hästekipage utan last. Precis som i gamla dagar fick han vika av vägen och låta oss gå förbi. ”Järnet går vägen” hette det förr då man körde med stora järnlass som kunde väga upp till 1500 kilo.

Under eftermiddagen kom vi fram till Grycksbo. Där stannade vi vid industribyggnaden, Grycksbo gamla fabrik, en mycket stor byggnad från 1799 som tidigare varit klädesfabrik. Idag är den renoverad och ombyggd. Grycksbo Gille bjöd oss på mat och berättade om fabrikens storhetstid.

Efter lunchrasten fortsatte vi förbi Stora Enso pappersbruk utmed den gamla vinterleden. Sträckan följer ungefär det nedlagda järnvägspår som gick till Rättvik, men på forkörarnas tid fanns här ingen järnväg. Förr följde man istället frusna sjöar och vattendrag där det var lätt att ta sig fram. Från Falun upp till Sågmyra gick vintervägen över sjöarna Varpan, Grycken, Tansen, Lustbosjön och Gopen.

Foran på väg över Stennäsbron.

Vi gick ut på Gopens is i mörkret och såg första dagens mål, byn Sågmyra, där lamporna lyste mot oss från andra sidan sjön. Hästarna trampade på och kände kanske att stallet var nära, fast de aldrig hade gått den här vägen förut. Ardennern Torulf kände förstås igen sig, han var snart hemma i Sågmyra igen.

Foran svängde in till Sågmyra Herrgård. Upplyst i fackelskenet från hästarnas slädar, liknade den nu det slott som en gång ritats av Gustaf Ankarcrona. Hästarna inhystes i stallen på bruket och forkörarna fick flytta in i herrgårdens så tragiskt brandhärjade salar. Jag låg där på rygg och tänkte på hur det måste sett ut här en gång i tiden med kristallkronor i taken och målade, dekorerade väggar. Det är märkligt hur stor klasskillnaden var i dessa bygder mellan bruksherrar och arbetsfolk. Ännu mer förunderligt är det när man tänker på, att det inte är så länge sedan verksamheten här var i full gång.

På kvällen bjöd Sågmyra hembygdsförening på mat i IOGT-lokalen. Ingegerd Björkblom-Erkers läste upp ett brev skrivet av smeden Anders Johan Nordahl till sin bror, den 9 mars 1864. Där skildras livet på vintervägen förbi Sågmyra:

"Det är otroligt, hur stor trafiken är här förbi vintertid. Varenda dag är antingen någon, som styr kosan upp eller ut, 20 à 30 hästar med manskap i hopen ibland. Jämt, alla tider på dygnet, är det någon som far. Folk från alla håll, ty det är stora vintervägen härom, för alla från Leksand, Rättvik, Mora, Elfdalen, Orsa, Ore, Norge, med ett ord; Alla, som ämnar sig utöver till Falun, Gefle, Stockholm, Uppsala, osv från övre Dalsocknarna. Engzelius i Røros har hundravis med foror, som ömsom kommer från Norge hit till Sverige, än från Sverige till Røros. Lyckas det att värva en sådan kund, blir det livande för vår hantering också. Jag har inte överdrivit, ty jag har haft tillfälle att själv se det verkliga förhållandet häruti, men nog härom så länge."

Brevet vittnar om vintervägens mycket stora betydelse som transportled. Speciellt intressant för oss var att kontakten mellan Røros och Falun var viktig för båda städerna. Det finns mycket skrivet om denna vintervägsförbindelse i Røros handelsarkiv, däremot är den på svenska sidan betydligt mindre omnämnd. Brevet bekräftar just det vi hade trott, att det var en mycket livlig trafik på denna vinterväg.

NÄSTA UPPSLAG:
Foran anländer till Grycksbo Gamla Fabriken.

TILL HÖGER:
Ut i Bergsslagsskogarna

Grycksbo Gille serverade festmat på vit duk.

Forvägen på sommaren vid Lustboån mellan Grycksbo och Sågmyra.

Jonas Wikdahl

Solberga, Sverige

Jonas född 1967

Jonas är en sportintresserad elektriker. Kallar sig själv en "Sportfåne" som tränar mycket. Han och sambon, Annette, bor utanför Insjön i Dalarna.

- Det finns ett namn för såna som jag som känner att de måste pyssla med gamla grejer, vi är "Ruinromantiker." säjer han.

Det är nog intresset för det gamla som har gjort Jonas till en forkörare. Han trivs ihop med forkörarfamiljen och gillar när det blir tufft.

- Inför en så lång resa har man inga andra förhoppningar än att det ska gå bra med hästar, folk, föret och isarna. Är man inte ödmjuk så går det åt .....(skogen).

"Hela resan är ett bästa minne där man verkligen levde för stunden, i nutid, även om ens stora intresse är dåtid!"

Stora forvägens rike

Efter denna historiska återblick fortsatte vi nästa morgon ut på vintervägen över Årbosjön, Hyttsjön och Brossen. Det är en stigning med bara 54 meter på en sträcka av 12,5 kilometer, eller bara en meters stigning på 230 meter. Med andra ord är det nästan helt platt. Väl uppe på Brossen hade vi passerat vattenryggen och härifrån lutade det nedåt mot Siljan. Cirka två kilometer efter Brossen kom vi ned på Salutjärn där vi blev varmt mottagna av risholingar och leksingar från skoterklubben. Många som var där hade hjälpt till med röjningen längs den gamla vintervägen.

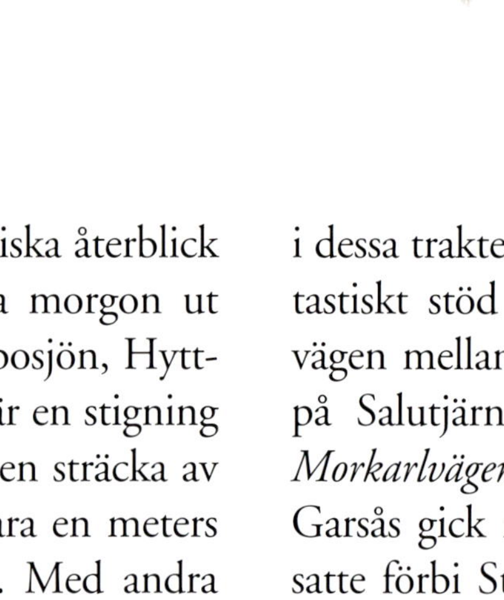

På Salutjärn berättade Gunnar Lindberg om den viktiga vinterleden. Gunnar, som är medlem i vår förening, var under många år skogvaktare i dessa trakter. Han har varit ett fantastiskt stöd i arbetet att leta fram vägen mellan Falun och Siljan. Här på Salutjärn möttes många vägar. *Morkarlvägen* kom norrifrån som vid Garsås gick ner på Siljan, den fortsatte förbi Stumsnäs och över Rättviken till gården Skansen vid Saluåns utlopp. Där anknöts den med andra forvägar från Leksand, Sollerön och byar på västra sidan av Siljan. Vidare följde den Saluån upp till gården Korskrogen i Utby, fortsatte till Västgärde och ut på Salutjärn. Stora färd- och kolvägen från olika Rättviksbyar kom slutligen förbi Ändråsgårdarna i Söderås och ut på Salutjärn. Den tredje stora vintervägen som anknöt kom norrifrån; från järnbruken i Ore socken, Furudals bruk, Dahlfors bruk och Tungsjö masugn.

Foran ute på Årbosjön i stora forvägens spår.

Sågmyra Herrgård. Ole Peder Svendsen betslar på "Storbronen" för en ny dag.

TILL HÖGER:
Årbohedens färdasgård. Här ser vi en husknut vid infarten till gården. Gårdsägaren har satt upp en hörnsten för att inte de hundratals forkörarna som passerade igenom gården på vintrarna skulle köra sönder husknuten. Både sten eller trästock kunde användas. Ett säkert tecken som vitnar om hur stor trafiken har varit genom denna gården. Man kan hitta såna längs hela forvägen Falun till Røros.

Ute på gamla forvägen mellan Årboheden och Brossfors. Här var vägen alldeles igenväxt, men efter Risholbygdens frivilliga röjningsarbete kunde foran komma fram.

Reparation efter att Helge (numera kallad "Skackelbakken") bröt av skackeln i en utförsbacke ner mot Hyttsjön.

Sommarbild av den gamla forvägen ovanför Hyttsjön. Där trafiken var stor och betydelsefull blev socknen beordrad att även sommartid underhålla vintervägarna. Mellan sjöarna där vägen gick över kullar och sluttningar blev den utgrävd. Spåren är tydliga än idag.

Leif Volden
Oppdal, Norge

Leif född 1941

Leif är mjölk- och köttbonde i Norge. Han är gift och har tre barn. Under åren har denne mångsysslare arbetat som snickare, smed, skogsarbetare och timmerkörare. Han är också intresserad av gamla hus och använder sin fritid till restaurering. Han har varit med på flera turer och fått uppleva mycket längs vägen.

Klädd i sin hundskinnsmössa och päls skred han genom byarna. Det fanns de som trodde att det var en gigantisk hund som körde en av slädarna.

"Det bästa på resan var samanhållningen och det sociala."

Gästgivargården tar emot oss

Gästgivargårdarna stadgades redan 1335 på Konung Magnus Erikssons tid. Således föreskriver konungen:

”Att taverner [halvstatliga värdshus] skola inrättas utefter allmänna vägarna med 2 - 2 1/2 mils mellanrum, dock endast på sådana platser, där det ej finns möjligheter att på annat sätt härbärgera de resande.”

Förordningarna blev dock inte verkställda förrän 1649 då den nya stadgan, *”Krögare- och Gästgifware Ordningh”*, utfärdades. Trettioåriga kriget var då slut och det blev viktigt för kungamakten att utveckla landets vägar för rikets post- och skjutsanordningar. Gästgivarens främsta uppgift skulle vara att sörja för de resandes mat och husrum. Därtill skulle han ha ett antal hästar, *”på Twärwägarne åth minsta Åtta”*. Dessutom skulle det finnas dryck av flera slag, vin, öl och brännvin.

Gästgivargården stod högst i rang och efter den kom skjutsstationen. Det hände att ett gästgiveri kunde bli degraderat till skjutsstation efter besök av länsstyrelsens inspektör. Färdasgårdar eller bondekvarter med stora stallbyggnader, som kunde hysa 25-30 hästar, var de vanligaste övernattningsplatserna för forkörarna. Krogar fanns också på många av färdasgårdarna. Men, enligt den kungliga gästgivarstadgan, kunde dessa endast få tillstånd att sälja öl, vin eller brännvin om de inte låg närmare än en mils avstånd från närmaste gästgivargård.

Hästen ”Storbronen” håller bra fart uppför backen.

Fika vid Salutjärn, Calles Åke och Anders Ahl stekar kolbullar. Här fanns det mat och dryck av alla slag.

Från Salutjärn lämnade vi den gamla vintervägen för att besöka en av de äldsta gästgivargårdarna i Leksands kommun. Gatugården i Tällberg, numera Åkerblads Hotell, har anor från 1400-talet. Det hände nog ofta att dåtidens forkörare också besökte gästgivargården för att ta sig ett glas öl eller brännvin. Som tack för god mat och dryck bjöd vi på musik och underhållning för de andra gästerna. Det hela blev en utomordentligt trevlig kväll. Efteråt drog vi oss tillbaka till vårt logement i Laknäs bystuga och hästarna stallades in i flera av de stora, gamla gårdarna i Laknäs.

Hästarna "Lapprosen" och "Aursund-Blessen" i ett trevligt stall i Laknäs. Kika och Sigurd ser till att det finns vatten och hö. Hästen går alltid före allt annat, mår hästarna väl, mår också kuskarna väl.

Musik på krogen vid Åkerblads Hotell. Att stämningen var hög på krogen är det ingen fråga om! Från vänster: Mats "Liss Bellman" gitarr, Svein Arild "Snurrebacken" mandolin, Sigurd bass, Evald gitarr, Terje, Kika.

TILL VÄNSTER:
"Konstapel" Björk informerar om reglerna på Tällbergs krogar innan han släpper låss forkarlarna. Tunnan han står på är en whisky liggare av ek som rymmer 500 liter. Förr i tiden transporterades dessa till brännvinsmagasinen i, bl.a., Hälgbo och Mora.

ÖVERST TILL HÖGER:
"Gubben i lådan" Karl-Gustav Hedling.

NEDERST TILL HÖGER:
Trötta hästkarlar, Per Arvid och Helge, efter en natt på Åkerblads "krog". I Norge säger vi "Ut på tur aldri sur".

Sommar vid Siljan! Vi ser ut mot Tingsnäsudden till höger och längre ut till vänster ser vi Sollerön, forans resrut över Storsiljan.

Per Arvid Hagen
Tynset, Norge

Per Arvid född 1947

Per Arvid har tidigare varit rörläggare och mjölkbonde med egen gård. Numera arbetar han på lantbruksskolan i Alvdal. Han och hustrun, Solveig, har två vuxna barn och fem barnbarn. De bor kvar på gården som nu övertagits av sonen och har fördelen att ha sonens familj, med fyra av de fem barnbarnen boende bredvid i parhuset.

Hans fritidsintressen är bridge, hästar, jakt och fiske.

"Mycket fin natur, trevligt folk och fina hästar

Övernattningen i skogen vid stockelden är ett fint minne."

Äntligen far vi ut på Siljan

Morgonen därpå åkte vi ut på isen. Äntligen var vi på Siljan! Vår högsta önskan var att få säker is över denna viktiga vintervägssjö, men det milda vintervädret oroade oss. Vägen över sjön sparade många mil jämfört med den gamla krokiga landsvägen som gick över åsar, genom dalar och runt varje vik. Vi åkte mot Skansen som ligger vid Saluån mellan Leksand och Rättvik. Vi rastade vid Salugården, numera kallad Skansen, den gamla färdasgården som härstammar från 1787. Här fanns en krog en gång i tiden då vintervägen var livligt trafikerad. Men det är länge sedan den stängde sina dörrar.

Otaliga är berättelserna om dessa många krogar och viloställen som låg förvånansvärt tätt utefter alla både större och mindre vägar i landet. Mellan Rättvik och Mora fanns två "vilor", mellan Mora och Älvdalen likaledes två och så vidare. Det var ofta änkor som fick tillstånd att driva krog på sina gårdar för att de saknade andra möjligheter till inkomster. Det berättas om Spjuttan som var så närsynt att man kunde lura henne med en kritad tvåstyver och inbilla henne att hon fått en tolvskilling istället. Och om Sjankan som söp sin make full och låste in honom i källaren, då det kommit en gäst som föll henne i smaken. Med maken bakom lås och bom, kunde Sjankan fira kärleksstund med den eftertraktade gästen.

Vi vilade i skogen vid Skansen och våra tankar gick till alla dem som förr hade åkt ut på Siljan just

Äntligen är vi ute på Siljans is.

Första råken på Siljan utanför Salunäset. Dølahesten "Oppdals Raun", 23 år gammal, tar försiktiga steg, precis som en erfaren körhäst ska göra.

vid denna plats. Här kom "lång-åkarna" förbi på väg västerut och norrut mot Mora, Västerdalarna, Älvdalen och Norge. Vilken storslagen syn det måste ha varit att se alla foror som korsade Siljan på väg mot alla bruken under 1700- och 1800-talen. Inte mindre än 22 järnbruk var i drift i Siljanstrakten under denna epok. Över 80 % av deras transporter gick på vintervägarna. Bara malmbehovet till dessa bruk på 1850-talet var beräknat till mellan 60 och 70 000 hästlass per år. Då tillkommer dessutom all övrig transport, som kol, färdiga järnprodukter och diverse handelsvaror.

Råk uppe på Femunden. Råkar uppkommer under stora temperaturväxlingar när isen sväller. Vatten kommer upp på isen och när iskanterna bryter mot varann blir det en "råk". Några slår upp, några slår ner och några går över varandra. Alla måste forseras med respekt med tanke på att isen kan vara svag eller ha stora sprickor.

"Sko nr 4 tack!" Skoutrustning och kunniga hästkarlar som kan sko under resan är helt nödvändigt. I djup snö trampar hästarna lätt av sig skor, speciellt om de är skodda på fel sätt med fel skor. Många av dagens nyutbildade hovslagare har inte lärt sig hur man skor en skogshäst på bästa sätt. Att hålla gamla knep och kunnande vid liv är en av målsättningarna för föreningen.

TILL VÄNSTER:
Helena Nylund från Älvdalen var med på sin första forresa.

Lars Björk

Sunnanäng, Leksand, Sverige

Lars född 1964

Lars har varit byggnadssnickare i 21 år och har nu användning av sina kunskaper på den nyinköpta gamla släktgården. Lite renovering är på gång på gården där han också föder upp 10 Telemarkskor. Han är ogift, sambo och barnfri!

Inom forkörarföreningen är Lars mest känd som spelman. Han spelar ofta på bröllop, kalas, begravningar och underhåller både i Sverige och utomlands, samt medverkar i Dalarna Femund Spelmanslag.

Lars, Sigurd och Gunnar har tillsammans lagt ner många timmar på att forska och leta fram den gamla vintervägen inför Falun – Røros resan. Detta var den femte gången som Lars varit med som spelman. Han säger, ”Är man uppväxt med kor och hästar och hela släkten varit fullt av hästkarlar och forkörare, så ligger intresset i blodet. Är man sedan historieintresserad, äventyrslysten och beredd på utmaningar, ja, då.....”

”Med tanke på att jag bor vid Siljan var jag spänd över dagsturen över sjön. Fyra till fem stora råkar väntade i dimman, men alla agerade proffsigt och hjälptes åt. En historisk dag! Vi hann t.o.m. att rädda en häst ur en vak på väg in mot Sollerön!”

Forkörargudstjänst till heder

Från Skansen styrde vi rakt mot Rättviks kyrka. Under dagen skulle vi korsa den första råken av fem. På alla stora sjöar finns det årligen råkar, sprickor i isen. Förr i tiden hade varje ort plikten att märka ut var sin sträcka på vintervägarna och speciellt viktigt var det på sjöarna. Där vägen gick över råkarna skulle den underhållas hela vintern och körde någon sönder vägen var de skyldiga att reparera skadan. Vi klarade den första råken utan problem.

I den tjocka dimman över Rättviken såg vi inte kyrkan förrän vi var 300 meter från land. En stor folkmassa hade samlats vid stranden för att ta emot oss. På bryggan stod en påpälsad rättvikare, John Erik Eggens, och blåste oss välkomna till Rättvik i näverlur.

På kvällen ringde Rättviks kyrkklockor till forkörargudstjänst för första gången i historien. Kyrkan var fullsatt till våra förfäders heder. Gudstjänsten inleddes med fiolmusik av Trond Westberg från Brekken och Anders Bjernulf från Rättvik. Prästen predikade och vi sjöng några för tillfället väl valda psalmer. Sedan följde musikinslag av Rättviks Spelmanslag samt våra egna spelmän, Dalarna Femund Spelmanslag. Forntida forkörare besökte också gudstjänsterna utefter vägen. De som åkte ända till Trondheim och besökte Nidarosdomen klagade över att norrmännen sjöng psalmerna så snabbt att det var svårt att följa med.

Foran går i land vid Rättviks kyrka. Lägg märke till kyrkstallarna.

Hästarna skulle få den hederliga äran att bo i de gamla kyrkstallarna.

I Västbygge fjärdings stallar stod hästarna:
Smasgården och Wärnfeltsgårdens stall: kallblodstravaren Per
Budgårdens stall: kallblodstravaren Lykke-Raisa
Skötgårdens stall: kallblodstravaren Moi Vinter från Särna och nordsvensken Linda från Orsa.

I Gärdsjös fjärdings stallar stod hästarna:
Sersgårdens stall: ardennern Torulf från Sågmyra
Ingesgårdens och Tomtgårdens stall: dølahesten Rauen från Oppdal i Norge
Jutgården i Borns och Bockgårdens stall: dølahesten Blessen och ardennern Storbronen från Norge.
Täpplassagårdens stall: Lapprosen från Älvdalen
Sensgården och Brändgårdens stall: ardennern Johanna från Älvdalen

INFÄLLD:
Dörrkarmen på stallet är uthuggen för att kunna stalla in större hästar.

En fullsatt kyrka till heder för alla forkörare som var ute på forvägarna förr i tiden .

Milly Sæther
Hamar, Norge

Milly född 1958

Milly arbetar på centralstationen vid Hedmarks polisdistrikt. Hon har en dotter, Marianne 21 år gammal, som också har varit med på forturer. På fritiden ägnar hon sig åt sin familj, vänner, friluftsliv, böcker och handarbete.

Hon har alltid varit förtjust i djur och då var det naturligt att, för 7 år sedan, vara med och börja köra häst och släde till Røros. Hon är kassör i Dalarna Femund Forkörarförening.

- Årets tur var speciell eftersom vi skulle starta från Falun och köra så många dagar. Frågan var om vi och speciellt hästarna skulle klara det.

En speciell upplevelse var att se Gösta med sitt stora kollass köra in på Røros marknad. Ett sådant ekipage är inte längre någon vardagssyn.

Som avslutning på gudstjänsten läste Jorid Skott Svendsen en dikt som ledde till eftertanke i nutidens ofta triviala värld.

Vi har fått en vakker gave
en ny dag som kun er vår.
Det er opp til os å velge
hva du bruker gaven til..

Dagen står der i vår dørsprekk
venter på å komme inn.
Full av blanke rene sider
med allverdens farger til..

Hvordan kan vi best utnytte,
denne gaven vi har fått
Vi må velge varme farga,
ikke farge arket grått.

Vi vil bruke dagens timer,
til a være positiv.
Glede mennesker vi møter
gi oppmuntring og et smil.

Uansett så må vi huske,
at når dagen er forbi,
har de ting vi sa og gjorde,
tråkket opp en liten sti.

Det er opp til oss å styre
hvor den stien fører hen.
Ønsket er at de som ser den,
kan se sporet av en venn.

Storsiljan, vän och fiende

Nästa dag skulle vi korsa Storsiljan. Vi drog ut över Rättviken och alla som samlats vid kyrkstallarna såg foran försvinna in i dimman. Många av oss var nog lite spända inför den etappen. Men med kunnig reseledare och Guds försyn så gick det bra. Vi hade planerat att använda helikopter för att filma färden över isen, men den täta dimman låg kvar över Siljan hela dagen.

Den 15 januari hade Jonas Wikdal och jag varit ute för att sätta ruskor i isen från Rättviken till Skäjsnäsudden. Isen var i snitt 50 cm tjock hela vägen. Nästa dag ruskade jag vägen från Sollerön till Rossaviken, för att vi skulle ha två alternativ. Det var plusgrader och regn den dagen i januari. Alla råkar och formationer i isen såg man som i klart glas. Tre råkar blev noggrant utmärkta och iordningställda så att de skulle frysa till.

Nu för tiden är det inte många som dagligen färdas på sjöis. Få känner till isens faror med råkar och vakar. Det som är vanskligt med sprickor och råkar är, att de plötsligt kan förändras, särskilt tidigt på vintern då isen växer. Jag fick lära mig detta när jag var ute med min farbror för att vårda vintervägarna på Femunden, där de fortfarande brukas dagligen under hela vintern. På Siljan är det inte längre någon som använder vintervägarna, så mycket av kunskapen har nog tyvärr försvunnit. Förr i tiden, när de stora lederna gick över sjön, var det noggrant reglerat hur vinterväg-

Foran ute på Rättviken.

Här skottar "drängarna" snö i råken utanför Stumsnäs. Alla får lov att hjälpa till när det behövs. Att vara medåkare på forturen är nog lika jobbigt som att vara kusk.

garna skulle underhållas. Röjning, underhåll och utstakning var ett omfattande arbete som sedan gamla tider skulle göras av allmogen i byalagen.

Olaus Magnus (1500-talet) beskriver hur det gick till:

"Här må alltså meddelas, att såsom vägmärken användas enbuskar eller granar, vilka, sedan man borrat hål i isen, placerats längs stråkvägen på en stadies avstånd från varandra och där fått frysa fast i upprätt ställning. Helst utses härtill ställen, där isen efter verkställd undersökning befunnits fastare. Om dylika vägmärken ej vore tillfinnandes, skulle en lika förskräcklig livsfara möta de resande mellan rämnorna i isen…

Genom de strängaste påbud är därför förbjudet att flytta eller borttaga sådana märken, utom under krigstider, då sådant sker för att ej vägleda spejare och förrädare. Ställen där isen spruckit i råkar och vakar utmärktes också med buskar och träd."

I 1734 års gästgiveriförordning infördes bestämmelser om vinterväghållning:

"Allmän vinterväg över sjöar och mossar skall var by för sina ägor utstaka, där isen starkast och minst fara är. Där stora sjöar är, göra det socknarna som däromkring ligga; ändra och väg så ofta det tarvas, och märka de ställen ut, där stora råkor och vakor äro, och leda väg där förbi eller bygge bro över, vid 3 dal s:mts bot".

Ja, resan över Rättviken gick fint och nästan ute vid Tingsnäsudden körde vi över den andra råken. Vi fortsatte runt udden till Rossaviken,

Utsikt över Rättviken från kyrkan. På sommaren använde man kyrkbåtar för att komma till gudstjänsten och på vinteren var det hästskjuts som gällde.

där vänner väntade med kaffe och tilltugg. Solen lyckades inte tränga igenom dimman. Det fanns två råkar här som vi måste undvika och i dimman var det inte mycket annat att följa än ruskorna som stod som vägvisare över Storsiljan. Efter att ha passerat råkarna var det raka vägen till Bäckstad vid Sölleröns sydvästra strand.

I dimman var det lätt gjort att slumra till lite på släden. Jag tror faktiskt att det var flera som somnade under den tolv kilometer långa överfarten. Plötsligt rusade Lars Björk fram till de främsta slädarna och berättade att han hade fått telefonsamtal från Sölleröbon Kjell Ulas, som skulle möta oss utanför Sollerön. Hästen hade vägrat att korsa landråken vi hade ruskat och valde därför en annan väg som han tyckte såg bättre ut. Olyckligtvis gick hästen rakt ner i en öppen vak som var täckt av nattgammal is. Vi skickade genast över sex stora hästkarlar, som med rep, spett och lite gamla knep, drog upp "Solnablacken" ur vaken inom 10 minuter. Under tiden fortsatte foran mot land och vi betraktade den dramatiska händelsen genom dimman från 400 meters avstånd. När vi körde i land hade våra sex hästkarlar, dagens stora hjältar, just hunnit ikapp oss igen. "Slutet gott, allting gott" och Solnablacken mådde bra efter sitt vinterbad.

NÄSTA UPPSLAG:
Foran försvinner in i dimman på Siljan.
INFÄLLD:
Helge Bakken tar sig en tupplur.

Hästen, bruksdjur och vän

Våra hästraser och vår kunskap om dessa är resultatet av flera tusen års samspel. Hästraserna har avlats fram för att tåla vårt hårda klimat och arbetet med att dra tunga slädar. Ursprungligen var hästarna mindre, tämligen ädla, härdiga och förnöjsamma med lång livslängd.

I Norge och Sverige hade man variationer på hästraser

Norska hästraser
Sogndøl
Gudbrandsdalshesten
Trønderdøl
Nordlandshest
Lyngshesten
Blådølen
Vestlandshesten (fjording)

Svenska hästraser
Färsingen (från Färs härad i Skåne)
Dalbohästen (vid Vänerns västsida)
Ölänningen
Värmlandshästen
Västgötahästen
Upplands lanthäst
Hälsingehästen
Jämthästen
Hammerdalingen
Wilhelminahästen
Norrländska fjällbygdshästen

Av de hästar som var med på turen, var de flesta av gammal nordisk ras, Dølahestar och Nordsvenska hästar. Men också Svenska Ardennerhästar, en korsning mellan den Belgiska Ardennerhästen och våra svenska inhemska raser, var med i följet. Denna tunga hästras började avlas fram under senare delen av 1800-talet, för att få en större och tyngre häst i jord och skogsbruk.

Åskådarna på Røros marknad såg hästar som drog slädar med tunga lass och passagerare. Några av hästarna svettades och i snövädret blev pälsen vitkantad. Plågades hästarna av detta? Nej, hästen är ett köldresistent djur som även klarar vårt hårda klimat. Det har förundrat mig, som ändå har sett så många hästar i mitt arbete som veterinär, hur bra skötsel dessa hästar får. Svaret ligger nog i att dessa turer utförs av först och främst genuint hästintresserade människor. Hästarna är också väl förberedda inför varje tur med utmärkt grundkondition.

Man hade kanske förväntat sig, under en så lång resa, från Falun till Røros, att hästarna kunde få problem. Det blev dock inte så; inga dåliga ben, haltheter eller liknande. Snö och is är idealiska underlag och dämpar trycket från hovarna och skonar lederna. Lasten var relativt lätt och förflyttningen gick nästan uteslutande i skritt. Några av sträckorna var dock tunga för hästarna, då det var dåligt före i svårtillgänglig terräng. Hästarna turades då om att bana väg. De starkaste och bäst lämpade för dåligt före fick leda följet. Extra vilopauser lades in med mat och vatten. Om turen varit en godstransport som i forna tider, hade lasten varit tyngre och dagsetapperna något kortare.

Ett problem som kan förekomma under dessa turer är att hästarna får skav av selen. Då får man justera den, skära till selen och lägga om för att avlasta såret, eller i värsta fall ta hästen ur följet. Under resan Falun-Røros, som ändå varit vår längsta fortur hittills, fick ingen av hästarna skavsår. Vid det här laget har vi lärt oss av erfarenheten hur selen ska anpassas.

Efter en lång tur kom vi till slut hem. Hästen selades av och blev insläppt i hagen. Jag tänkte

att han skulle glädja sig över att vara hemma. Men till min förvåning sprang han oroligt runt i hagen och visade tecken på att han hellre ville fortsätta på resan. Livet i flock, att vandra, äta och vila tillsammans är hästens starkaste instinkter. De lever gott i naturen och kan motstå angrepp från fiender. De är mycket vakna och registrerar ljud- och synintryck bättre än människor. Hästens uppfattning av omgivningen är minst lika god som vår. Slitsamma etapper, svett och rå styrka stärker rörelseapparaten, frigör kroppens endorfiner och ger en skön avslappning. När vi är på tur och stannar till på en höjd, sträcker hästen gärna på nacken, spetsar öronen och låter huvudet spana runt. Detta är det vackraste jag vet.

Jostein Rise
Veterinär

Sollerön i sikte

Uppe vid Sollerö kyrka väntade hela öns befolkning på oss med ärtsoppa och kaffe som värmde underbart gott efter den kalla dagen på Siljan. Dimman hade nu lättat och solen började gå ner. Vi hade 9-10 kilometer kvar över Sollerön och Vinäsfjärden, innan vi skulle nå nattens logi i Vinäs. I mörkret ute på fjärden klarnade natthimlen och tusentals stjärnor tittade ner på oss. Det blev en underbar kall vinterkväll. I den kusliga tystnaden liknade vi ett spöktåg som sakta gled fram över isen. Bara hästarnas skakelklockor och slädarnas knarrande bröt tystnaden.

Ännu en intressant och upplevelserik dag hade kommit till ända. I vandrarhemmets kök var det dukat med god mat; fläsklägg och rotmos.

Mätt och belåten låg jag och funderade på hur vintervägen gick förr i tiden. Från Skansen vid Kullsbjörken gick vägen rakt ut på Rättviken och upp mot Mora strand. Vintervägens sträckning kunde ändras på grund av isens beskaffenhet. På Sollerön gick vägen oftast på östsidan av ön men om det var dålig is kunde de köra över ön, precis som vi gjorde. De kunde också köra upp mot Nusnäs på andra sidan och på så sätt slippa korsa över till västsidan av Siljan. I Nusnäs fanns det också stora färdasgårdar, så den vägen var det många som föredrog.

Per Arvid och hästen "Per" utanför Rossaviken. Tingsnäsudden skymtas bakom foran.

Ute på Storsiljan var sikten inte god men, med ruskad väg över mot Sollerön, var det bara att köra.

Vägen de valde berodde säkert på om de skulle öster- eller västerut från Mora. Problemet med den östliga vägen mot Nusnäs var att det går ett stråk mot land från Österdalälvens utlopp, där isen inte alltid är säker. Det var då många gånger en fördel att köra på västsidan förbi Sollerön. De som skulle rakt upp mot Älvdalen som vi, kunde använda sig av den sidan där isen var säkrast och vägen var bäst.

Vinäs by blev, som de flesta andra byar i trakten, engagerad i järnbruken som kom till under 1700-talet. Bergslaget styrde över all användning av skogen i området. Det var hela tiden en kamp om kolveden mellan järnbruken och Falu koppargruva.

Redan 1729 hade landssekreteraren Johan Volterson skrivit avtal med byarna Vika, Vinäs och Utmeland om leverans av kol. Även Sollerön anslöts till avtalet. År 1738 anlades Siljansfors bruk. Bruket bestod av en masugn och en stångjärnshammare med två härdar. Malmen till bruket kom från gruvor i Leksands, Åhls, Gagnefs och Stora Tuna socknar. Den transporterades av forkörare som körde över Grycksbo, Gullnäs, Tansen, Gopen, Årbosjön, Kilen, Brändor och Rönnäs, inalles en sträcka av 32 km. På våren när vinterföret var slut blev det avlastning i Rönnäs och där fick malmen ligga tills det blev öppet vatten.

Sedan lastades malmen på pråmar som bogserades eller roddes över Insjön, uppför Dalälven, förbi Leksand, för att sedan seglas över Siljan till Skålnäs vid Ryssån, ytterligare 60 km. Från Skålnäs, som var en stor avlastningsplats, kördes malmen vidare av forkörare. Trafiken mellan Skålnäs och Siljansfors, en sträcka på 10 km, var så livlig

Ångbåtarna blev väldigt viktiga för alla järnbruken omkring Siljan. Från Åhls gruvor fraktades malmen norrut via sjövägen till det 22 bruken. Malmen lastades på pråmar som ångbåtarna drog med sig. Att vara manskap ombord var inte alltid någon dans på rosor när vinden gick åt fel håll och de måste köra på nätterna när vinden lagt sig. Det kunde bli många dygn i sträck ombord.

TILL HÖGER:
Siljansfors masugn.

Sigurd hämtar vatten åt hästarna vid brunnen i Bärsgården, Vinäs.

att två vintervägar gick sida vid sida, med ett konstant tåg av hästar som gick åt var sina håll.

Detta var lite historia om ett av bruken vid Siljan. Men det fanns emellertid hela 22 bruk i landskapet. De flesta var järnbruk som tillverkade varor för export, som smidesjärn, liar, spik, manufakturvaror, hästskor, kätting, borrjärn, plåt och stångjärn.

Inte långt från Mora, ca 4 mil västerut, på Sandön i Venjansjön, anlades ett glasbruk 1796. Här fanns rika mängder av fin kiselsand, den råvara som behövs för glastillverkning. Produktionen startade 1798 då man tillverkade små hushållsglas, glaskannor som innehöll 2,617 l (vilket var standardmåttet på den tidens ölkannor) och gnidstenar, en föregångare till strykjärnet.

Friherre Johan af Nordin, landshövding i Kopparbergs län, intresserade sig för bruket och övertog så småningom ägandet och privilegierna. Han insåg de kommersiella möjligheterna med tillverkning av fönsterglas i större industriell skala. Till detta behövdes vattenkraft och bruket flyttades inåt landet. År 1811 stod Johannisholms bruk färdigt. På 1820-talet var det Dalarnas största fabrik och svarade för en tiondel av Sveriges glasproduktion. Att mycket glas såldes till Norge framkommer av anteckningar i gamla registerböcker i Røros handelshus.

Karl-Gustav Hedling

Orsa, Sverige

Karl-Gustav född 1955

Karl-Gustav har varit bonde sedan han var 17 år gammal. Idag är han specialinriktade på utrotningshotade boskapsraser och hästavel. Han driver en av Sveriges äldsta och största fäbodar. På sommaren flytta han djuren från gården i Orsa till fäboden där djuren får beta fritt i skogen.

Fritid, vad är det när man är bonde? Men trots allt arbete försöker han ändå resa så mycket som möjligt, bland annat till Norge. Det var intresset av kultur och hästar som drog honom till Røros. Flera gånger bevittnade Karl-Gustav inkörningen till Røros marknad innan han till slut själv fick vara med och köra.

"Att se Lasse Björks min när den gamle mannen från Flermoen hade monterat en dalahäst på toppen av huvudlaget på sin häst. Och ännu bättre, när han kom iklädd nävermössa med bältesplåt, klocka och dalahäst. Då var det en fröjd att se alla miner

Vi gick i land vid Mora strand

På morgonen sjönk temperaturen till –27 grader och snön knarrade under skorna. Äntligen var det klar himmel och solsken! Vi körde in mot Mora strand och Kjell Ulas kom med en ny häst och ledde foran in genom skogen till Mora. Ännu finns det fina små leder utanför dagens bilvägar från Vinäs till Mora. I Morastrand lyste solen knallröd och vid kyrkan väntade många Morabor på oss.

Moras byar har en mycket rik hantverkstradition. Nästan varje by specialiserade sig på olika hantverk som sedan såldes på marknader under vintern. Det som gjorde Mora mest känt var nog Moraklockan med sina mässingsgjutna kugghjul. Sanden, som Österdalälven fört med sig, gjordes till sandformar som, med ett lyckat resultat, användes till gjutningen. Det var därför naturligt att vårt officiella besök i Mora skulle läggas i Östnor, den gamla hantverksbyn som fortfarande sjuder av verksamhet. Vi fortsatte på västsidan av Österdalälven och vid Östnorsbron vid Selja mötte vi Anders Romson som guidade foran genom byn och berättade lite kring dess historia.

Vi delade sedan upp oss i två grupper. Den ena besökte FM Mattson och den andra besökte Morells gjuteri där de fortfarande tillverkar hästpinglor på gammaldags vis.

Frost Mats Mattsson (1839-1914) startade den gjuteriverksamhet

Leif Volden och hästen "Rauen" vid Mora kyrka.

som så småningom skulle bli FM Mattsson AB och Mora Armaturfabrik AB. Hans hästbjällror är kända även bland dagens hästfolk för sin fina ton. Vår eminente guide i fabriken, Krång Anders Norlin, tog till och med fram en 100-årig mässingsfiol och spelade en egenhändigt komponerad bröllopsmarsch för oss!

I Östnor och grannbyarna Öna, Kråkberg, Selja och Långlet, fanns metallslöjdare. Gelbgjutarna där tillverkade spännen, handtag, betselbeslag, spolmaskinshjul, slädgaller och selkrokar av mässing. Pinglor till hästarna, stora skakelklockor, bröstbjällror och andra klockor tillverkades av brons, en legering av koppar och engelskt tenn.

Det fanns också andra hantverksgrupper, som kammakare, orgelbyggare, symaskinstillverkare, velociped-, kniv- och åkdonstillverkare, men det var urmakeriet som satte fart på industrin. Redan vid mitten av 1700-talet började man tillverka Moraklockor. Urmakeriets organisation och försäljning togs snart över av förlagsmän. Klockproduktionen ökade dramatiskt och under 1830- och 1840-talen kunde över tusen ur tillverkas per år bara inom Östnor. Många klockor såldes till färdasgårdarna längs vägen ända upp mot Trondheim.

I Mora strand kom solen fram. Att vara på fortur en underbar vinterdag vederkvicker själen.

En nöjd forkarl som äntligen köpt sig nya skakelklockor. "Bästa hästen, bästa klockan." Kan det bli bättre?

Moraklocka i Larsgården i Tufsingdalen. Det var mycket vanligt att forkarlarna hade med sig hantverk utöver sitt forlass som de sålde på gårdarna. Moraklockor finns det gått om i färdasgårdarna längs hela forvägen till Røros

Frost Matts Mattsson i sin verkstad. År 1865 började han att tillverka detaljer till urverk hemma på gårdens kombinerade gjuteri och smedja. Sortimentet utökades med bl.a. hästpinglor, skakelklockor, dombjällror, och selbågar. Året 1876 göt han sina allra första kranar, "Wattentunnekranen", vilket blev starten på FM Mattson AB, idag en av Europas ledande armatur företag.

Forköraren

Kylan river I kinden
stormen viner över fjäll
Nu är det best forköraren har I minnet vägen
så att han kommer hem I kväll

Han åter igen varit med järnvaror
och smör over rikets gräns
Han har i många år den vägen farit
Han har många gångar huttrat I sin
vargapäls

Hästen har kämpat genom väglöst land,
till Røros vacker handelsstad.
Där har forkörarna knutit nya band
sålt och köpt och varit glad.

Släden är full av bytesvaror,
hästen känner dets tunga vikt
Hästen och körarn har mött många faror
men nu har de äntligen hemmet i sikt

Med hästen framför släden
Färdas körarn över sjö och fjäll
Mot hemmet I Särna går den långa färden
Han hoppas att han kommer hem till familjen
ikväll

Anna Dahlgren

I Blybergs djupa skogar

Från Siljans strand skulle vi nu vika av in i skogens väglösa landskap och fortsätta upp mot Älvdalen. Upp till Blyberg är det en stigning på 184 meter. Solen som hade lyst hela dagen började gå ner när vi kom fram till Bjoseftjärn. Leif och Anna Lisa Grindal från Orsa mötte oss vid tjärnen. Brasan var redan tänd och vi bjöds på fläsk och kaffe. Med sin häst och släde skulle de slå följe med oss några dagar. Vi hade nu lämnat Siljansbygden bakom oss och kommit in i skogslandskapet där vi kände oss hemma. Skogsmännen bland forkörarna började vakna till, mörkret var inget hinder.

Sakta gled foran genom den mörka granskogen mot Blyberg, då vi fick syn på det glittrande ljusskenet av facklor burna av folk från hela bygden, som hade kommit oss till mötes. Vilken härlig välkomst! Det blev mat och musik i bystugan.

Blybergs historia kretsar mycket kring det gamla stenbrottet i berget ovanför byn. De svåra missväxtåren under 1700-talet ledde till svält och död i Älvdalstrakten. Många arbetssökande och tiggare begav sig söderut till städerna. Myndigheterna sökte efter olika sätt att lindra svälten och skapa arbetstillfällen i området. Tidigare under seklet hade emellertid en kyrkoherde, Erik Näsman, upptäckt en vacker sten med ”röda fläckar insprängda, liknande Jaspis”. Elfvedalens Porphyrverk AB grundades 1788 med avsikt att ge bröd och arbete till det svältdrabbade folket.

Foran på väg in i Blybergs skogar.

Stig Eriksson och Mikael Heed från Älvdalen i funderingar.

Porfyren är en tät och hård bergart som kan slipas och poleras till en strålande glans. Älvdalens porfyrsten blev snart världsberömd för sin färg och hårdhetsgrad 7. (Diamant har hårdhetsgrad 10).

TILL HÖGER:
En hungrig skidåkare Kjell Kristofferstuen "Vildmannen" vid Bjoseftjärn.

Gösta Johansson från Ildbäcken, Dala Järna. En skogens man som har kört timmer med häst i skogen hela livet. Åldersblandningen i gruppen är en oerhört tillgång på turerna som föreningen arrangerar. Lärdomen från de äldre som har spenderat många vintrar ute överförs till de yngre som är med.

TILL HÖGER:
En sliten "bonddräng" Karl-Gustav Hedling har somnat i skrindan. Det tar på att vara ute på forvägarna.

SVEIN ARILD JOHNSGÅRD, "SNURREBAKKEN"

Hamar, Norge

Svein Arild född 1960

Svein Arild har jobbat i bilbranschen i över 20 år och är idag vice koncernchef för en stor bilkoncern. Han är gift med Aud och de har två döttrar.

På fritiden håller han på med musik och underhållning. Han medverkar i grupperna Eau De Vill och Dalarna Femund Spelmanslag. Hans andra kärlek, efter fru och barn, är sin Harley Davidson motorcykel. Men det är intresset för släktforskning och lokalhistoria som gjorde att han hamnade i forkörarsällskap. "Jag har alltid haft ett brinnande intresse för mina förfäder. Turen har gett mig större förståelse på hur våra förfäder levde och hade det i sitt dagliga verk.

"Det mest speciella var känslan vi fick när vi lämnade de flata bygderna i Dalarna och körde norrut över fjällen. Det blev färre och färre människor och till slut var det bara foran som sakta gled norröver. Den stillheten som då sänkte sig över oss var helt speciell. Då kändes det som om vi förflyttat oss 150 år bakåt i tiden."

Älvdalen, forkörarnas hembygd

På morgonen lämnade vi Blyberg och körde mot Älvdalens kyrkby. Vägen kantades av folk fram till kyrkhärbret, Sveriges äldsta timmerbyggnad, från 1200-talet. Älvdalens befolkning hade förr plikt att bidra med säd och mat till prästgårdens behov. Härbret, där prästgårdens matförråd förvarades, hade nog tagit emot många forkarlar förut.

I Älvdalen har forkörningen en rik historia på grund av läget med den norra förskansningen mot Norge, Jämtland och Hälsingland. Den urgamla handeln mellan Dalarna och Norge är väl dokumenterad. Gamla marknadsplatser som Jämtmot och Grundset var viktiga handelsknutpunkter för skogslandet som behövde kontakter med kusten och yttervärlden. Hästar och säd byttes mot järnvaror från "järnbärarlandet". Älvdalens forkörare blev mycket skickliga på att köra långa resor med häst och släde genom den vintriga ödemarken. Utrustning, som är bevarad, visar deras skicklighet och uppfinningsrikedom. Samma färdighet fanns i Jämtland där foror gick till Norge och Levangers marknadsplats vid fjorden.

Älvdalens forkörarhistoria finns dokumenterad av etnologer, vilka i början av 1900-talet intresserade sig för bygden. Området, med sin välbevarade dialekt och ett närmast oförändrat levnadssätt på gårdarna, var en fängslande studieplats. En mycket

Leif och Anna-Lisa Grindal i sin fina färdskrinda.

Maj-Lis Eriksson från Älvdalen stuvar om i packningen. Att hålla ordning på lasten är viktigt, rätt som det är kan släden tippa båda hit och dit.

aktiv hembygdsförening har bidragit till att bevara denna historia.

Den skrivkunnige Åskarlen, Staffan Anders Person, har lämnat efter sig en noggrann redovisning om hur en resa mellan Älvdalen och Trondheim gick till under 1800-talet.

Om Älvdalens befolkning var skickligare forkörare än befolkningen i andra bygder är ovisst, men de hade mer erfarenhet av långkörning. Medan andra bygder hade körning till gruvorna, smälthyttorna och järnbruken på relativt nära håll, hade Älvdalens forkörare enbart långresor på sin lott.

Porfyrbruket, som redan nämnts, var en viktig industri för området. Kungarna intresserade sig mycket i företaget och beställde konstföremål som de skänkte till andra kungahus runt om i Europa. Men Porfyrverket gav också upphov till en annan verksamhet som blev viktigt för området och för forkörningen.

När avkastningen från bruket började tryta letade styresmannen, Eric Hagström, andra möj-

Ulrika Nylund med Älvdalens kyrka i bakgrunden.

TILL HÖGER:
Forlass vid Bergs affärsgård i Älvdalen. Hundratals forlass med hö gick till de stora skogsdrifterna i Särna - Idre.

Långö Bruk var ett eget lite industrisamhälle med skolhus och handelsbod. Brukets liar var kända över hela världen för dess höga kvalité. (Foto Elfdalens Hembygdsförenings arkiv.)

ligheter för ytterligare en industri. Hans idé att återuppväcka den gamla smideskonsten ledde till etableringen av Långö Bruk. År 1805 ansöktes om tillstånd att anlägga både stångjärns- och ämneshammare. Bruket hade sin storhetstid under seklets slut då 100 000-tals liar exporterades ut i stora världen via forvägen till Røros och Trondheim. Liar fraktades till Norge och sill fraktades tillbaka till den fattiga bruksbefolkningen i hela Dalarna. Handelshusen i Røros tjänade stora pengar på utbytet.

Vår fora fortsatte på den gamla bruksvägen förbi kyrkbyn till Älvdalens Porfyrbruk dit vi anlände vid solnedgången. Vi fick övernatta i den gamla herrgården. Ladugården är idag ett modernt ridstall där alla våra hästar fick plats.

NEDAN:
Tiondehärbret i Älvdalens prästgård från 1200-talet.

Mikael Heed "Micke"
Älvdalen, Sverige

Mikael född 1972

Mikael arbetar på ett sågverk där han kör höglyften, en stor lastmaskin som lastar och lossar timmer. Han är utbildad på skogsbruksskola och har arbetat med olika maskin arbeten. Jordbruk har han sysslat med vid sidan om sitt ordinarie jobb, först på sin morfars gård, senare på annat lantbruk och nu på egen gård.

Han har alltid varit hästintresserad och kör en Ardennerhäst i foran.

"Jag undrade om Johanna (min häst) skulle orka hela vägen från Falun till Røros och klara sig utan skador. Så stolt jag var när vi körde in på marknadsområdet i Røros och kom fram till platsen där vi stannade! Jag klev ur släden och gick fram till hästen och klappade henne. Hon hade varit jätte duktig!"

Evald Langsjøvold, Svein Arild Johnsgård och Gunnar Lindberg ger järnet på scenen i Åsens bystuga. "En sådan fest har det inte varit här på 50 år"

♫ "Molt uti Sømådala, ja nåe så jäälöst" ♫ Evald och Svein Arild.

Foran ute på Siksjöen.

INFÄLLD: Forlass klara för avfärd på Holdens affärsgård i Røros i början av 1900-talet. (foto K. Floor)

*TILL HÖGER:
Factorieräkningar från 1871 berättar om Åskarlar som kör forlass med liar ifrån Åsfors Bruk för Graf Olof Matsson Åsfors. Några av liefororna skulle ända till handlaren J. Brömstad i Trondheim. (foto Dalarna Femund Forkörarförenings arkiv.)
INFÄLLD HÖGER: Sill från Trondheim var den vanligaste returlass.*

Warors ankomst ifrån Graf Olof Ma…

			Liar Lådor	Vikt		Fraktlön Rdr öre
1871. Febr.	9	1. Med Gummats Lars Andersson för Åsfors Bruk räkn: 13 Tolfter 5½/4 liar	1	3,64	Joh. Brömstad Trondhjem	bet 2.73
	16.	2. Åsen Michels Per Andersson för Do räkn: 2 Lådor 31 Tolfter 5/4 Liar; 1 " 16 " 5½/4 Do	3	11,17	för samma mans räkning	= bet 8.94
		3. Åsen Matsven Sven Larsson för Do Ry: 2 Lådor 27 Tolfter 5½/4 Liar	2	7,93	att befordras till samma man	bet 6.34
		4. Åsen Matsven Sven Larsson för Do Ry. 1 Låda 18 Tolfter 5/4 Liar	1	3,96	till P.D. Amnus Röros	bet 3.17
		5. Åsen Stoffan Per Persson: 3 Lådor 36 tr 5½/4. 6 tr 6/4 Liar	3	11,52	att befordras till Joh. Brömstad Trondhjem	bet 9.21
	23	6. Nornås Staffan Lars Larsson för Do Ry 1 Låda 10 Tolfter 6/4 Liar; 1 " 17 " 5½/4 Do	2	7,76	att befordras till samma man	bet 6.98
	24	7. Åsen Matsven Sven Larsson för Do Ry. 1 Låda 12 Tolfter 6/4 1 tolft 5/4; 1 " 19 " 5/4; 1 " 10 " 5½/4 liar	3	10,55	till samma man	bet 9.50
		8. Åsen Gummats Lars Andersson för Do Ry 1 Låda 14 Tolfter 6/4; 1 " …; 1 " …				
Mars	7.	9. Hällstugan … 2 Lådor … 9 Tolfter …				
		10. Samma för… 1 Låda 7 T… 3				

En Forkvinna berättar

Ulrika Nylund heter jag, fast de flesta kallar mig ”Kika”. Jag är född 1972, fostrad och uppvuxen i Älvdalen. För tillfället tjänar jag mitt levebröd på Idre Fjälls Fjällanläggning. På somrarna jobbar jag som naturguide/sportvärd och på vintern, när det blir kallt, drar jag mig inomhus och jobbar istället som servitris/bartender.

Jag är, som de flesta nu förtiden, mångsysslare. Jag började min bana som undersköterska, men tröttnade på att gå i samma korridorer dag ut och dag in. Jag sökte ett hästskötarjobb i Skåne med den enda meriten att jag kunde konsten att mocka skit. Det funkade och jag fick jobbet. Där fick jag min grund i hästkunnande, körning, noggrannhet och disciplin.

För några år sedan hade vi en stor släktträff på min mors sida, då jag fick kontakt med mina norska rötter för första gången. När Sigurd kom på den briljanta idén att köra med häst och släde från Nybo till Røros, ville han ha några svenska representanter med på turen. Nu har jag varit med och åkt till Røros marknad i sju år. Första gången hade man ingen aning om vad man gav sig ut på, klädd som en turist i "boblejacka" och skoterskor. Det var –35 grader första dagen och vi var inte framme förrän sent på kvällen. Trodde jag skulle frysa ihjäl! Dag två blev ännu kallare, –42 grader på morgonen, men vi fick sovmorgon tills solen började värma. Med sol från en klarblå himmel och de magnifika vita fjällen runt omkring, togs vi emot av mina underbara släktingar i Jonasvollen. Sedan den dagen har jag varit fast.

Många har svårt att förstå varför man är med på en sån här tur och det är heller inte lätt att förklara. Vissa flyger till månen eller cyklar till Tibet medan jag åker häst och släde i mina förfäders trakter i –30 grader och tycker det är LIVET. Det är jag, min häst, "familjen" och naturen. Det finns ingen täckning på mobilen, så jag kan inte göra något åt problemen i vardagen, bara leva i nuet. Visst är det jobbigt också, men det är bara att bita ihop. Vi är uppe klockan fem på morgonen, fodrar och vattnar hästarna, packar slädarna och äter gröt innan vi ger oss iväg. För att hålla värmen och spara på hästen, går jag ofta bredvid släden. Jag har heller inte ro att sitta still bakom hästrumpan hela dagen. När man kommer fram till nattlägret är det återigen samma procedur. På kvällen sitter vi ofta uppe en stund för att prata om dagens strapatser och lyssna på spelmännens glada toner.

Gittan Nylund, Ulrika (Kika) Nylund, Helena Nylund och Maj-Lis Eriksson på Blybergs vägen

Sven-Erik "Stor Po" Johansson, Ola Peder Svendsen och "Kika" samtalar vid "Playa del Rossa". Hästpratet hördes dygnet runt i det här gänget. Alla har "bästa hästen."

Vissa undrar över hur det är att vara ensam tjej (som kusk), bland alla karlar. Jag har funderat men kan inte hitta några nackdelar. Ömsesidig respekt tror jag är nyckelordet. Jag klarar mig själv lika bra som hästkarlarna, men om jag behöver en hjälpande hand eller ett råd så hjälper de mer än gärna till. Lite kvinnlig fägring bland karlakarlarna är nog bara bra!

Minnet från resan som fortfarande får mig att le och känna mig alldeles varm inombords var synen av Karl-Gustav och Stor Po som korgossar i Rättviks kyrka. De var som två småpojkar, nervöst puttande på varandra, med vattenkammat hår i snedlugg och klädda i vadmalskostymer.

Det hade varit en lång dags resa innan vi kom till min hemby, Blyberg. Vi hade åkt i flera timmar genom mörker och kyla. Hästarna var täckta av rimfrost och man kunde se ångan från foran stiga upp mot den månupplysta kvällshimlen. Runt oss skymtade de majestätiska storgranarna, som i mörkret verkade stå i stram givakt längs vägkanten. Jag måste erkänna att jag kände fjärilar dansa i magen när vi närmade oss. Det var jag som hade organiserat stallen, maten och husrummen. Tyvärr hade jag inte möjlighet att deltaga i de sista förberedelserna. Det som mötte oss vid Blyberg hade jag aldrig kunnat ana. Trots att vi var flera timmar försenade stod många och väntade längs byvägen med facklor i händerna. Marschaller kantade vägen ända fram till bystugan där vi skulle bo och där ännu fler människor samlats. En halvtimme senare hade alla stallat in i lyxstall som min far och svåger hade fixat. Bland annat hade vår carport förvandlats till ett stall med fyra spiltor. Efter inkvartering bjöds det middag till toner av fiolmusik från Blybergs spelmän. Några av byns damer hade lagat älgköttsmiddag åt oss. Hästarna hade det bra i sina stallar. Vi fick till slut sova mätta och belåtna. Jag mådde nog bäst av alla. Det hade varit en fantastisk dag. Jag var stolt över min hemby och framförallt över min far som gjort denna dag så speciell.

Hållstugan

En grådisig söndagsmorgon lämnade vi Åsen. Foran gick sakta ner längs den gamla vägen mot Åsbron där den stora dammen tungt ruvar över älven. Förr i tiden gick vintervägen över Bredvad, som nu ligger under vatten. En enkel färja byggd av stockar fraktade över hästarna på sommaren och på vintern gick man över isen. Nu fick vi istället ta en skoterled uppför en brant backe mot Trängselvägens avfart. Därefter följde vi en skogsväg längs ån Gryvlan upp till en kulle med det märkliga namnet Skrållhuvud. Uppe vid kullen väntade kvällens värd, Kurt Falk, med kaffe. Kurt, som är uppvuxen här i området, hade mycket att berätta om vägen som ledde till hans gård, Hållstugan. Han berättade också historien om hur kullen fick sitt namn.

För länge sedan då postiljonen gick vintervägen mellan Särna och Älvdalen, rånades han av en Särnakarl. Älvdalingarna tog snabbt upp jakten på tjuven och hann ikapp karl'n just vid denna kulle. De hängde honom i en tall och där fick han hänga tills bara skelettet var kvar och benen föll ner i en hög på backen. Skallen togs upp och spetsades på en stör på kullen. Särnakarlar var då kända som "skrållar" och därav namnet Skrållhuvud.

Bror Zelik Orädd från Lycksele träffade sin Anna när hon var ute på handelsfärd i Norrland. De gifte sig i Älvdalen 1859. Bror, som var en handlingens man med både energi och begåvning, byggde gården

Harmoni vid färdasgården Hållstugan.

Jonas Wikdahl kylar av sig efter sitt språng uppför backarna. Vi följde skoterleden mot Baursberg, en liten omväg för att slippa åka den stora bilvägen fram till avfarten mot Åmotskojan.

Hållstugan där den fortfarande står. Han skapade en stor färdasgård som användes mycket av forkörarna. Hela vintern stod det fullt av foror på gården. Vintertrafiken gav en bra förtjänst till gårdsfolket som sålde mjölk och kaffe för 5 öre koppen. Bror körde också själv. Hans och drängens namn förekommer ständigt i protokoll över foror som ankommit till Särna.

Nedanför backen som ledde upp till Hållstugan var det en öppning i skogen. Förmodligen fick forkörarna halvera sin last här i gläntan innan de fortsatte uppför den branta backen till gården. Antingen kunde de spänna för en häst till på släden eller lasta av och köra två gånger. Här hade gården en potatisåker som de kallade "gudskelovskitteln". Med mindre frost, bättre jord och mycket hästdynga som samlats under vintern, gav det säkert en skörd värd att lovsjungas. Kurt följde med oss i släden när vi fortsatte uppför de branta backarna. Våra slädar var inte så tungt lastade och därför kom vi lätt upp till Hållstugan. Idag är färdstallen borta, men Kurt kunde härbärgera alla kuskar och hästar ändå. Fjorton hästar fick plats i ladugården och 30 kuskar, drängar och pigor placerades i syskonbädd i storstugan och drängstugan. På kvällen serverades gammaldags färdkost bestående av salt sill och potatis, till allas glädje och förtjusning.

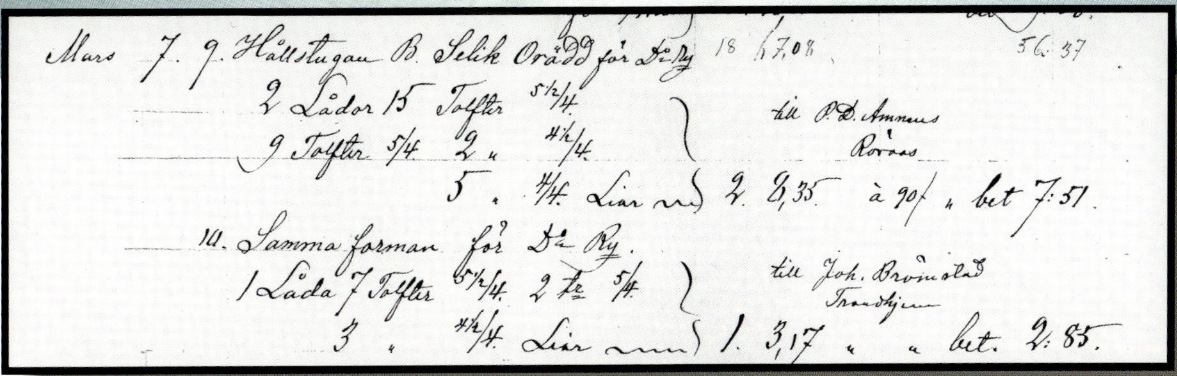

Mars 7. 9. Hällstugan B. Selik Orädd för D:e Ry 18 17,08 56.37
2 Lådor 15 Tolfter 5½/4.
9 Tolfter 5/4 2 „ 4½/4 till P.D. Amnus Röraas
5 „ 4/4 Liar 2. 8,35 à 90/ „ bet 7:51.
14. Samma forman för D:e Ry.
1 Låda 7 Tolfter 5½/4 2 Tz 5/4 till Joh. Brønstad Trondhjem
3 „ 4½/4 Liar 1. 3,17 „ „ bet. 2:85.

ÖVERST:
När 900 kilo musklar börjar att ta i så blir man imponerad, i släden sitter Kurt Falk och Svein Arild Johnsgård. Sigurd Svendsen holder i tömmarna bakom "Storbronen".

INFÄLLD:
Bror Zelik Orädd hittar man ofta i "factorieräkningarna". Här med en liefora till Drevsjøhytta.

NÄSTA UPPSLAG:
Stig Eriksson och Helge Bakken vattnar hästar.

Installning i Hållstugans ladugård.

INFÄLLD:
Livliga hästkarlar. Tyvärr vet ingen var eller när bilden är tagen. (foto Dalarna Femund Forkörarförening arkiv)

Sven-Erik Johansson ”Stor Po”

Sälen, Sverige

Sven-Erik född 1949

Sven-Erik är heltids bonde med fjällkor och fäbodsdrift. Han har också varit timmerman och använt hästen i skogen under många år. Dessutom är han utbildad snickare. Han och hustrun Viola har varit gifta i 26 år, de har två söner och två barnbarn.

Är man bonde så finns det inte mycket fritid, men när tiden erbjuds fiskar och jagar han gärna. Hästarna kräver sin tid och han är också intresserad i hembygdens historia.

Sven-Erik är född och uppvuxen i Harrmund på Vervnäs, två mil norr om Sälen, där flera generationer bodde tillsammans. Som ung fick han höra historier av de gamla gubbarna om timmerkörning, liebruket, smederna, brynstenstillverkning och turer till Falun och Røros. Nu ville han uppleva en del av de strapatser han hört om sedan barnsben.

”Resan var full av positiva händelser, för mig var kvällen i Rättviks kyrka ett minne för livet.” (I Rättviks kyrka var Karl-Gustav och Sven-Erik kollektörer. Det blev en god kollekt denna kväll).

Helgdagskväll i timmerkojan

Efter en god natts sömn drog foran vidare åt nordväst. Vi följde den gamla forvägen upp till Gryvelåreservatets väg. Härifrån fortsatte den gamla forvägen österut där det förr fanns två färdställen, Skärtjärnsstugan och Hållbovallen. Numera är Skärtjärnsstugan borta och Hållbovallen är fritidshus för en dansk familj. Vi valde att vika av från vintervägen och åka till Flyktan, ett stort skogsarbetarläger med plats för både hästar och folk.

I lägret fick vi riktig skogskost med amerikanskt fläsk och kolbullar "à la Falk". Humöret höjdes ytterligare när vår egen "patriark", förre skogsvaktaren Gunnar Lindberg från Leksand, kom och spelade gitarr och sjöng gamla visor. I stallen stod hästarna och knaprade på sitt hö och vid eldpallen spelades visor med en stämning som inte med ord kan beskrivas.

Gunnar Lindberg underhåller i Dan Anderssons anda.

Randi Bakken utanför eldpallkojan i Flyktan.

TILL VÄNSTER:
Milly och Ole Peder kör förbi en gammal blecktall mellan Hållstugan och Flyktan. Vägbleckor ristades in i tallarna som vägvisare på vintervägen.

Med Gunnars kraftiga skogsvaktarstämma och visor av Dan Andersson sitter vi alla som tända ljus.

TILL HÖGER:
Esten S. Håseter med en lurig glimt i ögat. I färdspannen har han nog lite av varje som kan behövas under resan.
INFÄLLD:
Lasse vet hur man ska hålla värmen i timmerkojan!

Natt i stockeldens sken

Vi lämnade Flyktan på morgonen och fortsatte vidare den gamla vintervägen mot Hållbovallen. Under 1700-talet fanns det bara en färdstuga längs hela sträckan Hållstugan - Särna, som antingen var Skärtjärnsstugan eller Hållan. När landsvägen blev färdig, kom nybyggare hit och färdstugan Hållan blev omgjord till gården Hållbovallen.

Vid gården bjöds vi på hemystad småost och nybakat tunnbröd av Vivianne Lindeborg som vi tidigare stiftat bekantskap med. Hon håller uppsyn över gården när ägaren är borta. Förra våren, när vi var ute och letade efter vintervägen, undersökte vi också den gamla gården. Efter en stund kom en stram käring gående mot oss med bestämda steg och undrade vad vi var för några gubbar som gick här och snokade?

- Ja, vi är bara ute och tittar efter den gamla forvägen som gick förbi här förr i tiden, svarade vi.

Nu träffades vi igen och bjöds på god färdkost.

Den gamla vintervägen, som fortsätter efter Hållbovallen, hade märkts ut och trampats upp åt oss av Hans Wallin. Vägen ledde upp till Särnastugan, som varit en färdstuga under 1800-talet. Här fick vi höra om en tragisk händelse. En forkarl från Älvdalen låg sjuk och skickade istället sin unge son att köra en fora till Särna. Under resan blev han utmattad och somnade bara 400 meter från Särnstugan. Nästa

Stockelden (nyingen) vid Lill-Bergtjärn nedanför Särnstugan.

Utstallning vid Flyktans stora skogsstall som rymmer 16 hästar. Under resans lopp blev hästarna bekanta med varandra och så fort någon i "flocken" saknas blev de oroliga. Det var viktigt att alla kuskar blev klara samtidigt så att hästarna kunde ledas ut tillsammans.

Det är inte lätt att springa förbi en fora på 16 hästar om man är längst bak. Det hände att vi behövde hjälp längst fram i foran och då hjälpen till slut kämpat sig fram behövdes den inte längre. Men visst gav det fin motion!

morgon hittades han ihjälfrusen på lasset.

Efter Särnstugan lämnade vi vintervägen för att följa Trängseldammvägen upp mot Särna. Vi slog läger ute i skogen vid Lilla Bergtjärnen, där vi tände fyra stockeldar och lade oss på granrisbädd under bar himmel. Med hästarna omkring oss och elden sprakande framför, blev det en oförglömlig natt.

Det hände ofta förr, innan det fanns färdstugor, att forkörarna fick slå läger ute i skogen. Vid riktigt dåligt väder kunde de gräva en snögrop åt sig själva och hästen. När vargarna strövade i stora flockar ville man helst slå läger ute i öppen terräng på myrar och sjöar. Kälkarna placerades i en cirkel som skydd. Med hästarna bundna på insidan och stockelden i mitten, kände de sig trygga. Vargarna vågade sig inte fram till elden och hästarna varnade om de hörde eller såg något

Vivian Lindeborg, uppväxt på granngården till Hållbovallen, tog emot oss med öppna armar.

TILL HÖGER:
Hållbovallen, eller Hållan som det hette förr, var ursprungligen en gammal övernattingsplats med färdstuga, (akustuga) och stall på vintervägen mellan Särna och Älvdalen för forkörarna. Under slutet av 1850-talet flyttade Daniels Anders Larsson från Åsen hit och byggde sin gård samtidigt som den nyanlagda landsvägen från Åsen till Särna blev färdig och färdstugan överflödig.

NÄSTA SIDA:
Oddny Pauline Solbakk gläder sig till en natt vid stockelden (nyingen) under bar himmel på varma renskinn.

Arvid Svendsen
Røros, Norge

Arvid född 1963

Arvid är lastbilschaufför och kör distributionsbil för Coca Cola inom Nord-Østradal och Rørosområdet. Han har en son, Per Jonas och är sambo med Oddny.

Jakt, fiske och friluftslivet upptar mycket av fritiden och så spelar han lite dragspel ibland.

"Lastbilschaufförer har mycket gemensamt med forkörare. Vi kör också varor långa vägar och över gränser. Vi känner varandra och träffas längs vägen, det sociala är mycket viktigt även för oss. Det var intressant att vara med och köra varor med häst och släde för att få en inblick i forkörarens liv."

Särna, bygden med norska anor

På morgonen hade stockeldarna nästan slocknat och den vinterbleka solen steg upp samtidigt som skakelklockorna började klinga. Under dagen skulle vi nå fram till Särna kyrkby. Särnabygden är gammal och tillhörde en gång Norge och Hamar stift. Många gamla färdasgårdar finns kvar från 1700- och 1800-talen. Slättgården, som låg mellan Mureliusgården och Korsnäsgården, var den största av gårdarna. Vid Slättgården förenades vägarna från Öster- och Västerdalarna. Vägen fortsatte sedan förbi prästgården, ut på sjön och vidare norrut.

I Särnabygden hämtade man sin näring huvudsakligen från boskapsskötsel, jakt och fiske. Forkörningen mellan Älvdalen och Røros blev en välkommen förstärkning av inkomsterna. När Røros Kobberværk grundades 1644 blev Røros stad snart en viktig knutpunkt för alla fjällbor runt omkring. Kol behövdes i stora mängder och skogen närmast staden blev snart utarmad. Smälthyttorna flyttades längre och längre bort. Femundshyttan byggdes under tidigt 1700-tal och vägen därifrån till Idre och Särna var inte lång. Kol från Sverige levererades via vintervägen till smälthyttorna i Norge.

Under 1800-talet byggde handelsmannen Magnus Engzelius en stor affär i Särna. Den kom att bli ett av Dalarnas största trähus med hela sju skorstenar! Under seklets slut var rörelsen i full gång med foror som gick västerut åt Malung och Lima, söderut åt Älvdalen och Siljansbygden och norrut med järnlast till Norge.

Foran far över hårdfrusen mark.

Även chefen kan behöver en tupplur (høneblund på norsk) ibland!

NEDAN:
Forkörare på nuvarande Dalgatan i Älvdalen.
(foto: Elfdalens Hembygdsförenings arkiv)

Magnus Engzelius stora handelshus i Särna blev känt som en av Dalarnas största träbyggnader. Affären etablerades året 1870 och blomstrade då de stora skogsavvärkningarna började. (foto: Särna Fornminnesförenings arkiv)

TILL HÖGER:
En liten hutt togs nog gärna ute på forvägen förr i världen också. Leif Volden, Sven-Erik Johansson "Stor Po", Kjell Kristofferstuen "Vildmannen" och Jonas Wikdahl.

Liksom många gånger tidigare fick vi ett varmt välkommande i Särna. Det var faktiskt femte året i rad som vi var där. Vi bodde i eldpallkojorna vid Lomkällans Skogsmuseum och hästarna fick plats i skogsstallarna. På Lomkällan har de ställt upp för oss under alla år. I gengäld bjuder vi Särnaborna på musik och underhållning.

NÄSTA UPPSLAG:
Foran på väg mot Idre nästa dag.

Kjell S. Kristofferstuen "Vildmannen"

Vestsidan Randsfjorden
Sødreland, Norge

Kjell född 1965

Kjell är anläggningschef på Bragerhaug og Beitostølen AB, en maskinentreprenörfirma.

Vildmarkslivet upptar fritiden då han spenderar mertiden i sin "hytte", eller stuga. Det blir fiske under sommaren, jakt på hösten och vintern tillbringar han på långskidorna. Kjell hade varit med Forkörarföreningen på flera turer innan han åkte med på Falun – Röros resan. Han var den ende som åkte utan häst! Målet var att åka, med tidsenlig skidutrustning, ända från Falun till Røros. Han är också fd mästare i Rôvkrok som utkämpas i Sorken varje år och försökte förstås försvara sin titel. Men hur det gick ska vi inte nämna här, eller hur Kjell?

"Det bästa var att orka åka skidor ända från Falun och all den goda välkomst vi fick vart vi än kom, ända upp på Røros marknad."

Idrekyrkans klockor ringer välkommen

Från Lomkällan åkte vi genom skogen mot Särnaheden för att ta oss ned till Hedarfjorden. På Heden fanns det en gång många färdasgårdar där forkörarna samlades innan de skulle vidare. Annar Narbuvoll, vars far en gång hade bott i Knappgården, berättade att det då var livat på gården med mycket sång, musik och kortspel.

Vintervägen, som gick över sjön, delade sig när den nådde Heden. Den östra vägen ledde till Trågården och Buskgården, vilka idag utgör Särna Gammelgård. Den västra vägen gick till Sjögården och Dammgården vid Hedens norra ände. Vägarna fortsatte runt Heden på var sin sida och återförenades uppe vid Torråsmyren på andra sidan byn. Därefter gick den vidare genom Slagendalen, över Weksjön, till rastställe Byggningsvallen.

Vi skulle inte följa vägen till Byggningsvallen, utan vi skulle istället åka mot Idre. Ute på Hedarfjorden var det översvattning och isen samlades på medarna. På kvällen upptäckte vi att Idresjön också var övervattnad, men som väl var hade Lars Balstadsveen plogat en väg åt oss mot kyrkan. Idreborna väntade med brinnande facklor medan kyrkklockorna ringde oss välkomna.

Väl framme bjöd Hembygdsföreningen på husrum och mat och i Idre kyrka musicerade vi inför fullt hus.

Idrebygden som ligger nära gränsen har i all tid haft täta kontakter med Norge genom släkter, språk, klädsel och mat hänger tätt

Forkörarmässa i Idre kyrka.

Stöp ute på Hedarfjorden.

Idre Hembygdsgård som var skolhemmet förr i tiden. Här fick alla plats i syskonbädd.

ihop. Jakt och fiske var mycket viktigt för försörjningen och de tillbringade mer tid ute i skogen och på fjället än hemma vid sina gårdar. Fortrafiken blev också en betydelsefull inkomstkälla för Idreborna och nya färdasgårdar växte snabbt upp som Grötholen, Drosbacken, Storbo och Flötningen. Endast de med starkast hälsa klarade av det karga livet här och några av dem nådde dessutom en otroligt hög ålder. En av dem var Gröthol Knut Halvarsson som fortfarande red sin häst till fäboden för att hälsa på efter att han fyllt 101 år. Jakthistorier finns det också gått om, som när storjägaren Storbo Jöns mätte krafterna med en skadskjuten björn. Efter lång tvekamp tog Storbo Jöns bössan, laddade om och sköt björnen.

NÄSTA UPPSLAG:
Städjan i sikte!

Leif och Anna-Lisa Grindal
Orsa, Sverige

Leif född 1927
Anna-Lisa född 1929

Leif har arbetat som lantbrukare och skogsarbetare medan Anna-Lisa har varit hemma, sköt gården och fostrat deras fem barn.

Både Leif och Anna-Lisa har varit intresserade av gamla tider, föremål och sagor. De har lyssnat till de gamla och önskat föra kunskapen vidare. Efter att ha sålt gården till sin dotter, bosatte de sig i Leifs gamla föräldragård. Leif, som samlat på historiska föremål, har ett eget mini-museum på gården. Anna-Lisa väver konstverk i egen vävstuga.

"Alla gjorde så gott dom kunde och ingen var förmer än någon. Det var spännande att besöka de gamla färdasgårdarna efter vägen och känna stämningen från gamla tider. Timmerkojan vid Flyktan var en höjdpunkt, liksom natten i skogen. Sången och musiken var inte att förglömma."

Gammel-Salmons storgård

Efter den trevliga kvällen i Idre begav vi oss nästa dag uppför det branta Idreberget. Uppe på berget kom solen fram och i den fina urskogen kunde vi njuta av åsynen av arbetande hästar i sitt rätta element.

Framme i Grötholen bjöds vi på kaffe och smörgås av Grötholsborna och fick höra historien om Storbo Jöns och hans dotter:

Storbo Jöns dotter hade varit till Røros med två hästar för att hämta forlass. Det var dåligt före och mitt på Femund mötte hon ett gäng med 19 Leksandskarlar som inte ville vika ur spåret fast de körde tomt! Hon blev tvungen att köra ur spårret och fastnade! Leksandskarlarna bara flinade och körde vidare till Røros utan att hjälpa henne. Slutligen kom Per Persson Lillälgsjön förbi. Han hjälpte henne upp på vägen. Ni kan tro att Storbo Jöns blev ond då han hörde om detta!

Så när Leksandskarlarna kom på hemtur från Røros, var Storbo Jöns beredd. Han satt i klyftan vid Grötholsberget och väntade på dem vid en stjälpt släde. Han bröt av en skackel och, helt allena, klådde upp alla 19 Leksandskarlarna. Till och med Stor Olle fick göra bekantskap med skackeln! Sedan fick de följa med tillbaks till Grötholen där de skrev under på ett papper att de aldrig mer skulle uppföra sig på det sättet!

Efter kafferasten fortsatte vi mot Klavekällan där vintervägen från Särnaheden möter Idrevägen. Forkörarna som förr i tiden kom från Särna

Soluppgång vid Lomviksgården

Foran tar sig uppför det branta Idreberget.

Vad händer där bak? I den långa foran kan det lätt bli svårt att veta vad som pågår längre bak. Emellanåt kan några ekipage fattas så det gäller att stanna upp och lyssna efter skakelklockorna.

TILL HÖGER:
Det är inte bara hästen som får kämpa för att lasten ska komma upp.

Äntligen uppe på Idreberget kan man pusta ut och tjuvåka.

TILL VÄNSTER:
Uppe på berget finns det tre gamla blecktallar med bomärken och årtal. Ingen vet exakt varför de finns, men det är typiska bleckor för en plats där de stannade till eller övernattade.

INFÄLLD:
Närbild på en av bleckorna på Idreberget.

TILL HÖGER:
Det var jobbigt att gå i kjol genom djupsnön, men på den hårdfrusna vägen gick det lättare.

Den vackra Lomviksgården i soluppgång.

TILL VÄNSTER:
Svein Arild Johnsgård i sin hundskinnsmössa med nedfällbara slag som skyddar ansiktet mot kylan. En mycket gammal modell som beskrivs redan på 1600-talet som ett "ändamålsenligt resplagg".

TILL HÖGER:
En glimt genom "môkluckan."

kunde övernatta i Byggningsvallen eller Nysätervallen och slapp då undan den branta backen upp över Idreberget.

Det blev en strapatsrik tur över myren mot Storbo men till slut kom vi fram till Gammel-Salmons Storgård, Lomviksgården. Salmon Jonasson, en mycket företagsam man, byggde sin gård under 1860-talet. Lomviksgården, som även hade sågverk och butik, blev snart hjärtat i bygden och över hälften av folket i Flötningen härstammar härifrån. Godhjärtad och rättvis var Salmon en omtyckt och respekterad man i området. Men denna godhet kostade honom också gården till slut. I den lilla butiken kunde många fattiga människor handla på kredit. Under tiden blev han själv skyldig mycket pengar till Engzelius handelshus i Røros. År 1889 krävde Engzelius gården i pant och sålde den vidare till Stora Kopparbergs Bergslags AB som ville åt skogsmarken.

Samma öde drabbade många av de stora fjällgårdarna i bygderna kring Røros. Kanske växte befolkningen för snabbt och arbetet gav alltför osäker inkomst. Livet på fjället var tufft, många blev sjuka, frös ihjäl eller drabbades av olyckor i vardagen. Handelsmännen var barmhärtiga och hjälpte många i nöden, men när skulden blev för stor fanns det till slut ingen utväg. Tiderna höll på att förändras. Tempot ökade när järnvägen och industrialiseringen kom igång och många klarade helt enkelt inte av utvecklingen och omställningen.

Gamla Norge tar emot i solsken

Vi vaknade till en makalös soluppgång. Snön och skogen glittrade med miljoner och åter miljoner snökristaller. Trots att det varit kallt under natten, var övervattningsisen inte tillräckligt stark för hästarna. Istället fick vi ta bilvägen till Drevsjø, förbi "Gränsbua" där vi passade på att handla.

Framme vid norska gränsen ljöd,

"Ja, vi elsker dette landet!"

Äntligen var vi hemma, åtminstone vi norrmän! Den långa hästforan med lastade kälkar och pälsklädda kuskar var något alldeles utöver det vanliga som folk brukade möta här på vägen.

I strålande solsken anlände vi till Skrivargården i Drevsjø. Här var fullt med folk och vi fick kaffe och nygräddade våfflor som serverades av gårdens personal från bolaget Statskog.

Drevsjømohytten byggdes år 1820. Manskap, gårdar och utrustning flyttades från Femundshytten som skulle avvecklas. Från Skrivargården, chefsbostaden, styrdes driften av smälthyttan som var underlagt Røros Kobberværk.

Malmen från gruvorna i Røros fraktades sjövägen på sommaren och under vintern kom den med häst och släde. Det var långa fraktvägar, först 40 km från gruvan Storvartz till sjön och sedan 60 km över Femunden. Frakterna blev alltför kostsamma och skogarna blev snabbt otillräckliga. Efter bara 14 år lades Drevsjømohytten ner.

Linnea Spånberg, 4 år, från Drevsjø, följde med på foran till Sorken.

Innan hyttan i Drevsjø byggdes gick den gamla vintervägen genom Gutulidalen.

När gårdarna etablerades och kol till smälthyttan började levereras från Sverige, flyttades den urgamla vintervägen över till Drevsjø. Även efter smälthyttans nedläggning fortsatte man att köra den nya vägen. Skrivargården blev en stor färdasgård och omlastningsplats för norska och svenska forkörare. Handelshusen i Røros tillsatte en man som skulle sköta omlastningen och ombesörja forkörarnas returlast. Engzelius Handelshus i Røros har bevarat ett rikt arkiv av registerböcker från 1800-talet där man noggrant har uppfört alla lass och körare.

Det var inte alltid så lätt att samordna alla frakter, vilket framgår av Engzelius brev till Arborelius i Älvdalen den 21 februari 1845.

De leksandskarlar, som skulle taga lass ifrån Falun til Drevsjøhhyttan lördag den 8 februari, villa ligga för lenge hemma, hvarför jag bad dem resa fan i våld och tänkte få vidtala dig om att få iväg elfdalskarlar.

Under vår vistelse i Drevsjø gjorde vi en tur till ålderdomshemmet. Lars Björk, vår spelman, spelade en Rørospols och det blev dans ute på gården under den sköna vintersolen.

Skrivargården på Drevsjø är en gård full av historik. Här har tusentals forlass lastats om på gården under åren.

FÖREGÅENDE UPPSLAG: På väg ifrån Lomviksgården.

Pål Rønning och Lill K. Myhre.

TILL HÖGER:
Anette Eklund.

Randi Bakken

Skarnes, Norge

Randi född 1963

Randi arbetar på Revyskolan Solbakkens folkhögskola som också är vandrarhem. Hon är involverad i det mesta som sker på skolan bortsett från själva undervisningen. Tillsammans med sin sambo har de två barn, Ingvild och Jonas.

Favorit sysselsättning under fritiden är läsning, speciellt historiska romaner. Hon älskar att gå på loppmarknader och bruksbutiker för att köpa möbler, småsaker och kläder som sedan sys om och förbättras. I höst ska hon sy om pappa Helges stora körpäls av Sibirisk fjällget.

Första forturen gjorde hon för sex år sedan och då var det mest för att få lite tid tillsammans med pappa Helge. Men efter första turen blev hon fast och hon har varit med sedan dess för sin egen skull.

"Det mest fantastiska med resan var faktiskt hur väl gruppen fungerade och löste problem tillsammans. En sån stor variation på ålder, yrken, intressen och färdigheter var inget problem, men gjorde oss däremot i stånd till att tackla de flesta utmaningarna."

Sorken bjuder på kalas

Efter lunchuppehållet fortsatte vi mot dagens mål, Sorken. Under vägen utökades vårt sällskap då Røros egen rådman med fru samt marknadsgeneral mötte upp.

På 1800-talet var Sorken ”byn”, som den kallades av gamla forkörare. Här fanns fyra stora färdasgårdar med väldiga stallar. Vi skulle övernatta i Sorken Vestre där det, enbart på denna gård, fanns plats för 40 hästar. Gården, som ännu är intakt med sina fem stora färdstallar, är förmodligen den enda kompletta färdasgård efter hela vägen mellan Falun och Røros. Ära vare de som tagit vara på gården och sparat alla byggnader! Det var underbart att beskåda hela gårdsplanen full med hästar, slädar och pälsklädda kuskar!

Efter att ha stallat in hästarna tog vi själva plats uppe på det 250 år gamla färdasloftet. Det var dags för lite sportsliga aktiviteter. Rôvkrok är en tradition i Sorken och gubbar och käringar lade sig på rygg för att mäta krafterna mot varandra. Takbjälkarna gungade rejält nere i finstugan tills husbonden kom upp och vädjade till oss att ta det lugnt. Vi var 20 personer i det lilla rummet där det snabbt blev minst 30 grader varmt. Inte konstigt att husbonden blev orolig!

Rôvkroks tävlingen följdes av en festmåltid med musik nere i finstugan. Våra gäster från Røros fick här en upplevelse som de sent ska glömma.

Drevsjø kyrka.

Karl-Gustav Hedling, Milly Sæther och Marianne Sæther skall snart ta för sig av den goda maten som består av spekemat, långmjölk, gröt och flatbröd. En riktig festmåltid.

TILL VÄNSTER:
Spekemat (spitjikjött på dialekt)

FÖREGÅENDE UPPSLAG:
Sorken Vestre med plats för 40 hästar i stallarna.
INFÄLLD FÖREGÅENDE SIDA:
Förr skrev forkörarna sina namn på stockarna i stallet.

Lars Björk fiol, Svein Arild Johnsgård mandolin-sång, Terje Husdal gitarr.

TILL HÖGER:
Rôvkroksmatch

Forkörarens utrustning

Smalsläde med en äkta färdskrinda påmonterad. Överredet kunde bytas mot andra efter behov.

Mikael Heed, Anna-Lisa Grindal, Stor Lars Olsson, hästen "Bamse" och Leif Grindal vid en färdskrinda med småkälkar som började användas i slutet av 1800-talet.

Vi börjar med det viktigaste, vilket är släden. Långslädar med färdskrindor ovanpå var den vanligaste under 1800-talet, men också smalslädar användes. Smalsläden har i stort sett varit oförändrad ända sedan vikingatiden och är den ursprungliga släden, byggd för att användas i djup snö på oplogade vägar. Medbredden var så smal att den följde hästspåren i snön.

Till hästen hade man ett hästtäcke som också lindades runt höet. Det var svårt att ta med hö för hela resan, därför fick man byta till sig hö vid färdasgårdarna under vägen.

Svein Arild Johnsgård binder fast färdspannen på lasset.

Laggade vattenhinkar var en vanlig bytesvara. I utrustningen ingick alltid en grov häst-skrapa, en yxa, hästhacka till att knacka rent hovarna, samt verktyg för att sko hästen. Det var rätt vanligt att man tog in hästen i färdstugan och skodde den i skenet från elden i den öppna spisen. Det finns gamla, välbevarade färdasgårdar där man fortfarande kan finna bitmärken från hästarna runt eldstaden.

Forkörarens matlåda kallades färdspann eller färdasskrin. Där förvarade man mat som tålde frost å kyla; torkad kött, grötmjöl, smör, tunnbröd, messmör och ost. En träflaska med långmjölk, samt en träkagge brännvin och kopparpanna fanns också alltid med på släden.

Kläderna som forköraren var klädd i, varierade lite från ort till ort, beroende på tillgång av bra material. Vadmalskläder och en storpäls i fårskinn eller hundskinn var det vanligaste. På fötterna användes ofta läderskor med näversulor, eller ”luddor” (svenskt), ”labber” (norskt) som var tillverkade av vadmal eller renskinn. Forköraren bar också en skinnmössa och hundskinnshandskar samt en kniv i förskinnsremmen.

Förskinn var vanligt i Dalarna, men på norska sidan hängde kniven i livremmen. I fickan förvarades elddonet med stål, fnöske och flinta. Syl och hålpipa hade man också med sig i ett ”knäppsel”.

TILL HÖGER:
En välutrustad forkarl.
(Mikael Heed)

Femunden talar för sig själv

Festen tog slut och en ny dag grydde. Den långa färden över Femunden, Norges näst största insjö, stod på tur. Att korsa sjön i oväder med vatten på isen var många forkarlars fasa. Förr i tiden kördes många hästar trötta eller bröts här på sjön och lasten fick lämnas kvar på isen. Förmågan att köra långa forresor var en kombination av lång erfarenhet, bra utrustning och tåliga och vältränade hästar.

Solen lyste och en svag och kall nordanvind blåste över isen. Hästarna var ivriga att komma iväg. De hade gått i många dagar och var nu i mycket bra kondition. Samarbetet mellan häst och kusk var förunderligt. Hästarna var lika angelägna som vi, att varje dag komma vidare mot nya mål.

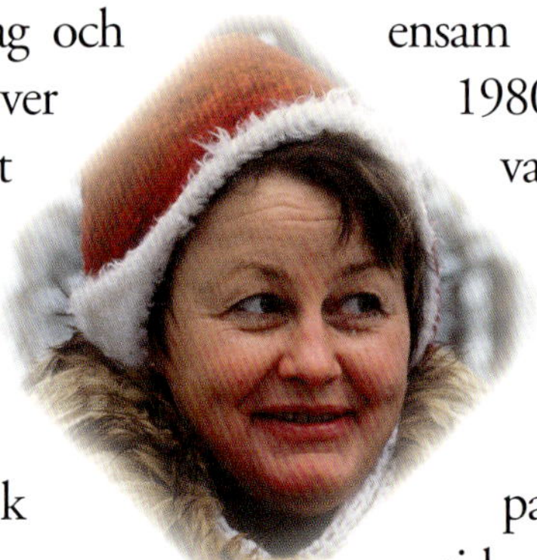

Isen täcktes av ganska mycket snö men utan stöp. Den första sträckan turades vi om att köra först och bana väg. Dimman lade sig som ett lock över sjön, sikten blev sämre och vinden ökade. Först framme vid Storbekkens gamla färdasgård fick vi vila. Gården, som förr låg vid den trafikerade vintervägen, likt en oas för trötta forkörare och hästar, är nu övergiven i en väglös ödemark.

Hans Storbekken som bodde ensam här ända till slutet av 1980-talet, berättade att det var storslaget om du såg en enda person här under vintern. Numera är det bara vår egen fora som en gång om året passerar gården likt ett forntida spöktåg över sjön. Vi stekte fläsk över öppen eld och drack kaffe från *"svart kjelen"* (kaffekitteln) innan det var dags att bryta upp.

Färdasgården Storbekken vid den stora sjön Femunden

"Snurrebacken" med frost i tangorabbatten.

Svein Arild Johnsgård och Sigurd Svendsen i färdskrindan, här löses världsproblemen och planer smids för framtiden.

Sigurd och hästen "Blessen" samarbetar på Femund. Den röda flaggan på hästen varnar för krutlast.

Lill K. Myhre

Vila vid Storbekken färdasgård.

Efter Storbekken blev föret bättre med mindre snö. Vi körde mot Tufsingdalen men inneslutna i den tjocka dimman var sikten knappt 150 meter. Det var en märklig upplevelse, precis som att sväva fram genom intet, då isen och dimman smälte samman i ett oändligt vitt moln.

Vid vilan kopplas hästarna loss från skrindan och sellokarna lösgörs.

Femunden mot Sollerøn i vinterdräkt. Samma landskap som ovan fast 24 timmar senare.

Tufsingdeltat naturreservat (Tjønnan), här ser ni forans spår som följer den gamla vintervägen.

TILL HÖGER:
Vintervägen på sommartid i Tufsingdalen

Sigurd Svendsen

Tufsingdalen, Norge

Sigurd född 1970

Sigurd är utbildad skogstekniker och har arbetat som skogsarbetare i åtta år med timmerkörning med häst. De senaste sju åren har han sommartid jobbat som fjällguide i de svensk-norska gränsfjällen, Sylarna. Som guide sitter han i sadeln 14 veckor i sträck. Han bor numera tillsammans med Andrea i Orsa, Sverige.

På fritiden vill han helst vara på Jonasvollen vid Femunden tillsammans med familjen och kompisar. Det blir mycket fiske och jakt under fritiden också. Han spelar bas i Dalarna Femund Spelmanslag och är ordförande i föreningen.

Som reseledare och ordförande i föreningen vägde ansvaret för turen tungt på mina skuldrar. När tiden närmade sig resans start kändes det som om jag befann mig 1200 meter upp i luften i en fallskärm med många trådar. Jag undrade om alla trådarna skulle hålla ända ner till backen. När vi väl hade kommit iväg kände jag att "fallskärmen" fungerade bra.

Tufsingdalen i fullmånens sken

Plötsligt dök Hestholmen upp ur dimman! Enligt sägnen hade en häst, som såldes från Tufsingdalen till Elgå på andra sidan Femunden, blivit så ifrån sig att han kastade sig i vattnet och började simma hem igen. Hästen klarade sig de dryga 4 kilometrarna fram till holmen, där han dog av utmattning. Efter den händelsen kallas platsen Hestholmen.

Vi hade kommit in på viken mot Tufsingdeltat, mera känt som ”Tjønnan” och fortsatte på den gamla vintervägen som gick över myrarna till Tufsingdalen. Många ”Tufsingdøler” stod förväntansfulla utmed bilvägen. Dimman hade lättat när vi kom i land och fullmånen lyste starkt från en stjärnklar himmel.

Trötta, men glada, kom vi fram till Sæther Nordre gamla färdasgård. Här väntade det fina färdstallet där så många hästar stått förut. Med sina åtta spiltor och rundtimrade väggar är det en upplevelse att stalla in hästarna där. Sköna sängar fanns också till oss alla i den gamla huvudbyggnaden.

Detta var en av de större färdasgårdarna i dalen. Sæther Nordre och Sæther Søndre hade båda plats för 20 hästar. Dessutom fanns det fyra stora färdasgårdar till, Nordre och Søndre Moen, Larsgården och Smedgården samt ett antal mindre gårdar med färdstallar. Totalt kunde nog minst 80 hästar stallas in under en och samma natt. Tufsingdalen låg strategiskt på denna sida

Litj-Korssjøen.

Femunden med bara en dagsresa från Røros, om föret var bra. Gerhard Midtdal från Larsgården har berättat om foror som sträckte sig en kilometer från första till sista hästekipage med minst 100 hästar i samma fora!

Signe och Steinar Håseter, gårdsfolket på Sæther Nordre, bjöd på festmat, römmegröt och sik, som var söndagsmat förr i tiden. Ni kan bara ana hur det lät i den gamla huvudbyggnaden när forkörarna, efter en lång dag och en härlig festmåltid, äntligen fick lägga sig i sköna sängar. ZZzzznoooork!

Esten S. Håsether och hästen "Borken" i Sæther Nordre färdasstall med plats för åtta hästar.

ÖVERST TILL VÄNSTER:
Foran ankommer till Sæther Nordre

NEDAN TILL VÄNSTER:
En bild från 1905 med tre generationer av gårdens karlar samt doktor Muller från Røros. (foto Rørosmuseets arkiv)

INFÄLLD:
Gammalt brännmärke som finns lite innanför dörren. Det skulle skydda hästarna mot onda makter och väsen. Detta var mycket vanligt på 1600- och 1700-talet.

Foran på väg tidig morgon i Tufsingdalen.

Karl-Gustav Hedling och Lill K. Myhre håller värmen.

Helge J. Bakken "Skackelbakken"

Tufsingdalen, Norge

Helge född 1939

Helge är idag en glad pensionär som varit en verklig mångsysslare under sina arbetsverksamma år. Han har arbetat som fjösgutt, sanitetsassistent vid FN-sjukhuset i Gaza, servicetekniker, försäljningskonsulent, distriktschef för försäkringsbolag, dörrvakt vid restaurang, drosk- och ambulansförare, vaktmästare, dagledare på frivilligcentralen och fäbodsdräng. Han är gift med Aud Tove och sammanlagd har de nio barn.

Fritidssysselsättningarna är också mångfasetterade. Helge sjunger i manskör, är aktiv i politik, ivrig gäddfiskare, älgjägare, styrelseledamot i flera organisationer och vice ordförande i Dalarna Femund Forkörarförening.

"Mitt intresse för forkörning kom tidigt i barnaåren. Jag minns några enstaka forkörare, de kom som en fläkt från den stora världen. Drömmen var att själv få köra denna väg med häst. Jag hoppades kunna lära mig mer om forkörarnas liv på gott och ont. En del har jag varit med om, men jag hoppas få uppleva mycket mer. Jag vill också gärna bidra med att föra denna erfarenhet vidare till kommande generationer."

Fjället möter oss i strålande sol

Solen steg upp på en klarblå himmel och en underbar dag väntade oss ute på fjället. Det var skönt att komma iväg igen. Urkrafterna tycktes spira både i oss och i hästarna trots att vi varit på väg så länge. Alla ville bara vidare. Nu gick rutinerna av sig självt. Ut till stallet klockan fem för att utfodra hästarna, in till köket för att koka kaffe och gröt, sen städa huset och sen lasta slädarna. Klockan åtta var vi alla ute och spände för hästarna, färdiga för avresa.

När vi lämnade Sæther Nordre körde vi vägen upp till Siksjøens utlopp. Där kom vi återigen ner på den gamla vintervägens spår. Den långsträckta Siksjøen är ofta utsatt för övervattning. I år var den emellertid väl tillfrusen tack vare en bra frostnatt och föreningens eldsjälar, som varit ute och trampat till spåret.

I glittrande solsken anlände vi till Holla gamla färdasgård som ligger i norra änden av sjön vid kanten av Korssjølia. Hästarna vattnades och vi blev bjudna på varm dryck och rundstycke. Vägen uppför Korssjølia kan vara ganska strapatsrik på grund av mycket snö och stora drivor men det gick bra för oss även om det bröt igenom något för de sista hästarna.

Efter halva vägen passerade vi Erikshaugan, uppkallad efter den forkörare som frös ihjäl på denna plats. Uppe i dessa fjälltrakter kan vädret vara mycket obe-

Dølahesten "Sokken" och Gösta Johansson från Ildbäcken med en äkta "kolryss" på ca 800 kilo, upp från Korssjøen.

TILL HÖGER:
Siksjøen, färdasgården Holla syns till höger i bakgrunden.

INFÄLLD:
Ardennerhästen "Johanna" är i Holla för första gången.

Leksingen Lars Björk ute på Femunden.

räkneligt. Samerna berättar om oväder så strängt att de fick krypa på alla fyra och dra skidorna i ett snöre bakom sig. Forkörare har också sina historier om oväder där de band fast sig med rep och gick bakom släden för att hålla värmen. Över huvudet trädde de en vattenhink för att kunna andas. För vår del var det strålade fint vinterväder och nästan helt vindstilla.

Uppe i norra änden av Litj-Korssjøen rastade vi och njöt av den fina vinterdagen. Nu hade vi bara Stor-Korssjøen kvar innan vi nådde fram till de tre stora färdasgårdarna. Isen täcktes av stora hårda snödrivor, som vi på norsk kallar "skavler". Drivorna var emellertid så hårt packade att de, för det mesta, även bar hästarna.

Himlen målades eldröd i solnedgången när foran kom fram till Korssjøgården, den sista övernattningen innan resans mål. Vi fick bo i två av dessa tre historiska gårdar. Fororna som nyttjade vintervägen och kolkörning bidrog förr mycket till gårdarnas välfärd. Med hjälp av hästdynga odlade de upp den karga fjällmarken och med den fiskrika sjön alldeles intill behövde gårdens folk aldrig lida brist på mat.

Vintervägen formade tillvaron för forkörare och gårdsfolk från Falun ända till Røros. Resandet resulterade ofta i kärlek och äktenskap. Släktbanden knöt ihop folket på färdasgårdarna. Forkörarna bar med sig nyheter som gjorde gårdarna till informationsförmedling av allt som hänt i bygderna och byarna både i Sverige och Norge.

Gårdarna influerades snabbt av nya moden och kulturer som kom långt ifrån. Dalmålare, konstnärer, spelmän, hästhandlare, byggnadssnickare och smeder liksom tyger, konst, hantverk, ja, allt kom längs forvägen. Under 1700-talet anlände varje år över 170 stora handelsfartyg från alla världens hörn, till Trondheims stads utrikeshamn. Dessa hade med sig varor som sedan fraktades av forkörare ända ner till Falun och Gävle. Avstånden var kanske inte så långa på den tiden trots allt.

Ja, mycket kan man fundera över om livet vid färdasgårdarna förr i tiden. Särskilt när man befinner sig i en över 300 år gammal färdstuga vid Korssjøen och elden sprakar i spisen, en sen vinterkväll.

"Portskjælet" i färdasgården Holla, här passerade hundratals hästar varje vinter. Här på färdasloftet berättas det att färdkarlar slogs med torkade "okspesar" med mässingskula i änden. Sådana vapen var vanliga för att försvara sig själv och lasten.

Evald Langsjøvold

Hamar, Norge

Evald född 1962

Evald är anställd som överingenjör på Hamars postterminal, där han ansvarar för driften av den maskinella hanteringen av brev och paket. Han är gift med Gry Merete och de har en dotter som föddes i april 2003.

Största fritidsintresset är sång och musik. Han spelar gitarr och sjunger i grupperna Eau De Vill, Dalarna Femund Spelmanslag och Postens Dramatiska Sällskap.

- Det var som spelman jag först blev inbjuden till detta gäng för 5 år sedan. Den sammanhållning och energi som finns i detta gäng musiker, är helt fantastiskt att få vara en del av! Att bevara kulturen som mina förfäder levde är viktigt.

"Det var ett magiskt ögonblick när vi skred genom den djupa Svenska skogen i 20 minusgrader, under en molnfri himmel. Det enda man hörde var skakelklockans sång och medernas gnissel mot snön. Efter en lång dags färd mot Blyberg möttes vi av facklor och människor som trotsade mörkret och kylan."

Det rinn vatten

Det ligg ei løe utmed elven
og sjer at vatnet rinn førbi
speile seg mot sivet
har du dårlig tid
Det er trist å stå alene
å sjå att andre fær førbi

Når vatnet rinn så stille
e elva djup og svart
høre suset tå ein foss
Snart så bli´ det natt
det er lett å stå alene
før dokk leve jo så hardt

Det rinn vatten gjennom livet vårt
det rinn vatten over allt
det er vanskle å stanse strømman
døm riv og slit I oss

Attmed løa der ligg stenan
døm vart lagt der som ei tråpp
fløtt ifrå ei stenrøs
no ligg dem som ei klopp
ei klopp I milla venner
ei klopp før den som trur

Myra den ligg svart
der vatnet grev seg rundt ein sving
stenan rope høgt
men vi høre ingenting
det vanskle å stoppe elva
ho riv og slit så hardt

Vind tek tak I båten
dreg baugen litt mot sør
fisken blinke I sola
ja no e de vår
snart vil isen kåmmå seilan
vi glede oss ilag

S.A Johnsgård

Längst norr på Litj-Korssjøen är det bara en 100 meters landremsa mellan de två sjöarna.

Färdasgårdarna Korssjøen.

TILL HÖGER:
Erling Korssjøen vid den gamla snöbulten som användes för att packa till snön på vintervägen. Då blev det en hård vägyta som vinden blåste ren från snö.

NÄSTA UPPSLAG:
Korssjøen i solnedgång.

Bergstaden på fjället

Røros Kobberværk grundades år 1644, då Lorentz Lossius och Peter Petersen fick sin inmutning på en fyndighet vid Rødhammeren som var den första fyndigheten i området. Snart hittades flera rikare fyndigheter som sedan blev den stora huvudgruvan, Storvartz.

Kopparstaden började byggas upp. Ute i Europa rasade kriget mellan bland andra Danmark och Sverige om makten över Östersjön. Malmen gav pengar till att driva kriget men behövdes också för att bygga kanoner. Norge tillhörde Danmark och de nya kopparfyndigheterna uppe i Rørosfjällen blev en nagel i ögat på den svenske kungen. Røros blev därför attackerat den 13 juli 1678 och nerbränt till grunden av den svenska krigsmakten som också tog hela kopparlagret med sig i krigsbyte.

Våren och sommaren 1679 var norrmännen i fullt arbete med att återuppbygga gruvstaden men avbröts på nytt av svenska trupper som återigen brände ner allt.

Staden uppfördes ännu en gång och under 1700-talet fanns här Nordeuropas största koppargruva. År 1777 värderades hela kopparverket till 6 tunnor guld. Efter en noggrann uträkning från 1779 fann man att gruvan hade gett hela 14 Miljoner Riksdaler i inkomster sedan starten.

Tack vare sitt läge uppe på fjället och med sin nära kontakt till Sverige, blev Røros snabbt en viktig handelsstad. Goda vintervägsförbindelser åt alla håll lade grunden till en varaktig handel. Sedan starten av gruvan hade många från bygderna runt omkring levererat förnödenheter till staden. Byteshandel mellan dessa forbönder utvecklades och växte i omfång på både lagliga och olagliga sätt.

Bergstaden Røros i vinterskrud

Smälthyttan vid Røros Kobberværk med den gamla "stångvækta" i förgrunden där alla malmlass vägdes.

År 1814 valdes Sveriges konung Karl XIII också till Norges kung och handelsförbindelserna med Sverige blev alltmer stabila. Røros Kobberværk styrde allt i gruvstaden inklusive rättskipning och handel. I slutet av 1700-talet blev det alltmer problem med varor som inte nådde fram, utan såldes olagligt under vägen. Därför gavs år 1818 handelsprivilegier till tre handelsmän i staden: Poul Poulsen, Henrik Aas och Madam Leigh. Madam Leigh var hustru till Morten Leigh som hade startat handel redan år 1800, då troligtvis med så kallade frihandelsvaror.

FÖREGÅENDE UPPSLAG:
Storvartz, linbanestation t.h.
INFÄLLD:
Storvartz kontorsbyggnad och ruiner av arbetarbaracken t.h.

Sleggveien, en av det vackraste gatorna i Røros.

Morten Leigh dog redan 1816, bara 36 år gammal. Två år innan hade han anställt ett affärsbiträde, Magnus Engzelius, som nu blev kompanjon med änkan. Engzelius föddes 1791 i Andrakebyn i Vika socken utanför Falun. Flera handelsmän som blev betydande i 1800-talets Røros kom från Sverige. Axel Magnus Fahlström från Falun tog över P Poulsens handelsprivilegier och Carl Zacharias Amnéus från Östersund startade egen affär 1839. Både Fahlström och Amnéus var först anställda som affärsbiträden hos Engzelius. Firman Leigh & M Engzelius var under många år den mest betydande handelsrörelsen i Røros och blev känd över hela Dalarna för sin goda sill. Handelshuset köpte in stora kvantiteter järnvaror som sen såldes vidare för export från Trondheims isfria utrikeshamn. M Engzelius samordnade transporterna från varje omlastningsplats vilka fanns i Mora, Älvdalen, Särna, Drevsjø och hela vägen upp mot Trondheim.

Handeln med svenska varor var så omfattande att myndigheterna fann det nödvändigt att 1825 upprätta tullkontor i Røros. Värdet på varorna skulle visserligen uppgå till 36 191 spesidaler men det var nog bara hälften av varorna som blev bokförda. Följande sammandrag ger överblick om handelns utsträckning och omfång:

Varor från Sverige:
- **Dalarna**; järnvaror, stål, spik, smidesvaror, kopparhantverk, mässingsvaror, glasvaror, vetemjöl, krut, skinn.
- **Hälsingland**; lin, mjöl.
- **Härjedalen/ Jämtland**; järnvaror, smör, skinn och pälsverk, renkött, ripor.

Returvaror till Sverige:
- **Dalarna**; sill, saltad havsfisk, torrfisk, tobak, tran, salt, fårskinn, ull, hästar.
- **Hälsingland**; hästar, tobak, tran, salt.
- **Härjedalen/Jämtland**; hästar, tobak, sill, tran, salt, mjöl.

Norska varor som såldes över Røros, från:
- **Hedmarken/Gudbrandsdalen**; säd, mjöl varor, fårskinn.
- **Selbu**; kvarnstenar, hästar.
- **Gauldalen**; hästar.
- **Trondheim**; sill, saltad havsfisk, brännvin, tobak, tyger.
- **Dovre**; hästar.
- **Romsdalen/Lesja**; kött, fläsk, fisk, ull.
- **Sunndalen/Oppdal**; kött, fläsk, fisk, ull.
- **Toten**; kardor, häktor, glasvaror.

Det här är bara en grov översikt av de varor som såldes och köptes i stora kvantiteter.

ÖVERST:
M. Engzelius&Sön år 1900.
(foto Rørosmuseets arkiv)

TILL HÖGER:
J.Engzelius&Sön as år 2003

Kolonialavdelning vid M.Engzelius&Sön år 1900. Till vänster i bilden Konsul Gustaf Engzelius. (foto Rørosmuseets arkiv)

Utöver detta kommer alla dagligvaror och exotiska produkter av olika slag. Som ni ser kom folk från ett mycket stort geografiskt område för att handla och byta varor. Det var praktiskt tagit marknad i staden varje dag under hela vintern ända fram tills föret tog slut i mars. Redan under 1600-talet började denna handel bli ett problem för gruvans direktion, som klagade till myndigheterna. All denna byteshandel blev till slut okontrollerbar och var till stor skada för både arbetare och gruvans ägare. Situationen förvärrades under 1700-talet och först 1854 blev det officiellt upprättat en marknad i Røros.

År 1878 öppnades järnvägen Trondheim - Røros och sju år senare sattes det första ångfartyget i trafik på Femunden. Sedan fortsatte utvecklingen med snabba steg. Järnvägsförbindelse till Oslo öppnades och flera nya landsvägar anlades åt olika håll. Forkörarna från fjällbygderna fortsatte dock ända fram till 1940-talet att kämpa sig fram på vintervägarna till Røros med häst och släde.

Skansen och kruthuset i Bergstaden Røros. Under 1700-talet var den årliga förbrukning av krut, ca 470 forlass om året.

Foran ute på Litj-Korssjøen.

Røros Kobberværk gick i konkurs 1977 och bara fyra år efteråt upptogs staden på UNESCO: s världsarvslista. Bergstaden på fjället, som hade förändrat klimatet och skapat Nordeuropas största öken på grund av skogsskövling och svavelföroreningar, blev ironiskt nog given denna prestigefyllda utmärkelse. Den tidigare svavelosande gruvstaden, med sitt hårda slit och förödande liv för många som arbetade eller körde foror, blev nu istället romantiserad som den mysiga lilla trästaden på fjället. Historien är förunderlig på många sätt och vis. Men staden skapade också mycket genom handel, kultur och musik till glädje för människorna. Vi säger här uppe i fjällen "fjället ger och fjället tar" och så är det nog också med Røros bergstad, "bergstaden gav och bergstaden tog".

TILL HÖGER:
En av bergstadens många trånga smågator.

Røros i feststämning

Vi vaknade till en kall och dimmig morgon. Vår långa resa närmade sig sitt slut. Det var dags att påbörja den sista etappen mot gruvstaden Røros. Det går brant uppför från Korssjøn till Glahaugen, den högsta punkten på resan, hela 938 meter över havet. Här fick forkörarna förr återigen halvera sina tunga lass innan de kunde bestiga höjden, men vi var lättare lastade och kom upp utan problem. Väl uppe på toppen hade vi äntligen målet inom synhåll! Røros skymtades genom dimman klädd i sin vita vinterskrud.

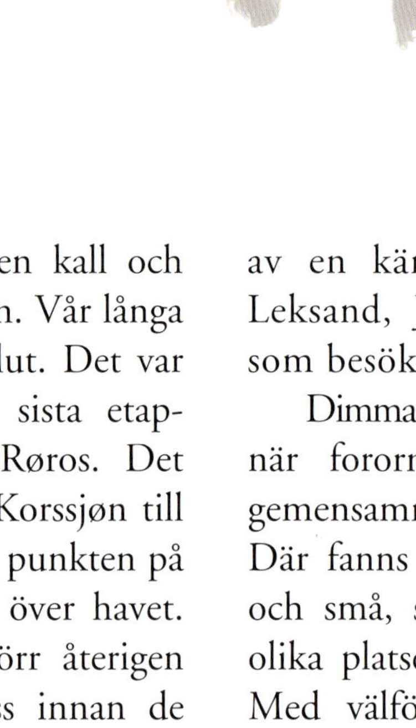

Det gick lätt nedför backarna till Sevatdalen. Dessa färdasgårdar besöktes ofta av dalfolket. Det finns tavlor bevarade av en känd kurbitsmålare från Leksand, Jufwas Anders Ersson, som besökte gården 1813.

Dimman hade lättat över Røros när fororna samlades inför det gemensamma intåget till staden. Där fanns flera andra foror, stora och små, som hade kommit från olika platser i Norge och Sverige. Med välförtjänta cigarrer satt vi framme på slädarna och tågade in till Malmplassen där tusentals människor väntade. Det var feststämning inför marknadens 150:e jubileum. Sång, musik, dikter och tal, människorna var förväntansfulla inför flera dagar av marknadsspektakel och fest.

Förr i tiden när forkörarna anlände till Røros skulle de givetvis

Äntligen uppe på Gladhauen med Røros i sikte nere i dimman.

En väderbiten fjällkarl Erling Korssjøen uppe på vintervägen mot Glahauen, härifrån var det bara utförsbackar antingen man skull till Røros eller Dalarna. När vi lämnade gården sade Erling, "ha en riktig god tur no kara."

åka direkt till det handelshus för vars räkning de körde. De flesta körde för M. Engzelius & Sön, som var största affären i staden.

Krutet kördes direkt till kruthuset på "Skansen" för avlastning, då brandfaran var stor i denna gamla trästad. Tusentals liar från Dalarna, ämnade för Amerika, fraktades över Røros till Trondheim för vidare export. Men det kom också foror med spik, hästskor och stångjärn. I Røros fick de betalt för körningen och tilldelades en returlast som ofta bestod av sill.

Därefter skulle hästarna stallas in i en färdasgård där det fanns plats. Folk från Dalarna stallades oftast in i Øvre eller Nedre Stensgården längst ner på Storgatan. Mons Stensen och Lucia Fastesdotter ägde Øvre Stensgården. "Stens Lussi", som Lucia blev kallad, var en duktig och arbetsam kvinna, omtyckt av alla. I färdstallarna fanns det plats för 23 hästar medan forkarlarna fick ligga på "flatseng" i stugan. Stens Lussi lade ut enris på golvet där de sen fick breda ut sina fällar, dra storpälsen över sig och sova, medan elden sprakade i spisen.

Vi stallade in 10 hästar i Langknutgården på Kjerkgatan, en av de mest välbevarade färdasgårdarna i staden. Tidigare fanns här plats för 20 hästar. De övriga hästarna stallades in i Per Amundsagården.

TILL HÖGER:
Foran på väg in mot Røros
INFÄLLD: Intåget till marknaden

TILL VÄNSTER:
Vid färdasgården Sevatdalen. Dalmålaren Jufwas Anders Erson från Leksand målade denna tavlan här på gården 1813.

I den gamla skolan ”Raukassa” fick våra forkörare sova på ”flatseng”, idag gjorda av madrasser på golvet istället för enris. Med ljuset från gatan och nödutgångsskylten lysande över dörren somnade de snart efter den långa resan.

Vi kände både glädje, stolthet och vemod. Glädje och stolthet över att ha klarat av resan med alla dess strapatser och vemod över det uppbrott som nu måste ske inom några dagar. Vi hade kämpat tillsammans under tre veckor. Småtjafs och gnabb hade nog ibland förekommit under vägen, men för det mesta var sammanhållningen i gruppen fantastisk. Kärleken hade till och med spirat bland några av oss! Nu hade vi bara några få dagar kvar av marknad, banketter och fest.

Resan Falun–Røros 2003 var över. En dröm hade blivit verklighet! Ett nästan orimligt mål som, mot alla odds, ändå uppnåtts. Från starten i Falun hade vi avverkat 420 km genom skogar, över myrar och sjöar, uppför kalfjället vid Glahaugen och ända fram till Røros. Klädda i gammaldags kläder och pälsar hade vi farit genom bygderna och träffat människor som, liksom vi, idag vet lite mer om forkörarlivet. Vi hade använt oss av tidsenlig utrustning, lastat våra slädar med liknande varor som hantverk och skinn, följt den gamla vintervägen och ätit mat liknande den som forkörarna åt.

Nu har vi fått bättre förståelse för hur livet längs Falugatan en gång tedde sig. Det är mycket vi kan tacka dessa strävsamma människor för i både Sverige och Norge. De har format landskapet och gjort oss till de människor vi är idag. Det är för att hedra forkörarkulturen och för alla dem som kört vintervägen före oss, som vi gjort denna resa.

Huurrabuus!

Pål Rønning

Røros, Norge

Pål född 1960

Sedan 1993 har Pål arbetat som instrumenttekniker på oljeplattformen Gulfaks A i Nordsjön. Han är sambo med Lill och har tre barn.

Pål har länge varit intresserad av historia och historiska byggnader. Han är ordförande i forntidsminneföreningen, Den gamle bergstad. I nio har han arbetat på renoveringen av sin egen gård, Langknutsgården, där forkörarana höll till under Røros marknad.

”Det var mörkt när vi kom iväg på sista biten mot Vinäs. Någon hade tänt facklor på släden och det hördes inte ett ljud förutom hästarnas skakelklockor. Över myren gick jag och nynnade på Jan Johanssons fina melodi ”visa från Utanmyra”. Plötsligt blev jag fylld av en obeskrivlig förnimmelse, nästan något sakralt, en enorm glädje som sprängde på. Det var som om jag plötsligt blev sänd tillbaka i tiden och fick se hur forkörarna hade det förr.”

Äntligen är vi framme i Langknutgården
♫ *"ja da va de martna, sju stappfulle va kvar ei bu"* ♫
FRÅN VÄNSTER:
Mats Lindsröm, Svein Arild Johnsgård, Lars Björk, Evald Langsjøvold.

Langknutgården 90 år mellan bilderna! (svartvit foto Rørosmuseets arkiv)

Ett stort tack!

Det har varit många längs Vintervägen som har varit till stor hjälp för att göra resan möjligt.
Vi är oerhört tacksamma!

Tack till alla eldsjälar som har varit till stor hjälp!

Tack till alla Kyrkorna som ringde i klockorna och hjälpte till.

Rättvikkyrkan
Sollerökyrkan
Älvdalens kyrka
Åsenkyrkan
Särnakyrkan

Tack till alla färdasgårdarna

Dikmanskagården
Elsborg
Hållstugan
Hållbovallen
Sorken
Sæther Nordre
Holla
Korssjøen

Tack till alla kommuner, byar och hembygdsföreningar i:

Falun	Blyberg
Grycksbo	Älvdalen
Sågmyra	Brunnsberg
Risholen	Åsen
Laknäs	Särna
Rättvik	Idre
Sollerön	Grötholen
Vinäs	Flötningen
Östnor	Drevsjø
Orsa	Tufsingdalen

Tack till alla Företag och Föreningar:

Stiftelsen Stora Kopparberg
Kulturföreningen Gamla Mormor
Grycksbo Gille
Leksands Skoterklubb
Åkerblads Hotell och Gästgiveri
Rättviks Naturbruksskola
Rättviks Spelmanslag
Siljans Turism
Playa del Rossa
Vinäs Vandrahem
FM Mattsson
Morrels Klockgjuteri
Skogsmuseet Lomkällan

Ordförklaring

Falan:
den gamla handelsplatsen i Falun, nuvarande kvarteret Falan.

Fora:
lass av varor som kördes mot betalning.

Forlass:
lass som kördes mot betalning.

Forkörning (norsk- førselskjøring):
transporter mot betalning.

Forvägen:
transportväg för varor men också allmän trafik väg/vinterväg.

Forkörare/forbonde (norsk- førselsbønder):
hästkarl som kör lass mot betalning.

Postiljon:
postbud, posttjänsteman.

Råk (norsk-rås):
isspricka, eller isränna (med öppet vatten)

Stöp (norsk-oppvatning):
issörja, snösörja, sörpa.

Källor

Dahle, H.; *Røros Kobberværk*, Trondhjem 1894

Elfdalens Hembygdsförening; *Skansvakten* nr. 42 och 43

Falu Kommun; *Stadens torg*,

Fataburen 1978

Flötningen-Storbo Intresseförening; *Lomviksgården*, 1999

Föreningen Långö bruk; *Långö bruk*, Älvdalen 2000

Henricson, Esbjörn; *Idre Bygdebok*, Örebro 2001

Johansen, O. J.; *Trondhjem i svundne tider*, Trondhjem, 1929

Karlson, Ove; *Hantverk som blev industri*, Mora byggdearkiv

Kvikne, Olav; *Et handelshus på Røros gjennom 150 år*, Trondheim 1950

Levander, Lars; *Landsväg Krog, Marknader*, Lund 1944

Levander, Lars; *Älvdalskt arbetsliv*,Uppsala, 1953

Montelius, Jan-Olof; *Forkörning och forbönder i Dalarna, uppsats i etnologi*.1972

Olsen, Svein Magne; *Hestekjøretøy*, Oslo 2001

Rydberg, Sven; *1000 år vid Stora Kopparberget*, Västerås 1979

Särna-Idre 300 år, En Hembygdsbok, Falun, 1945

Vikar, Anders; *Färdsel och färdvägar*,

cameraQ

presenterar

FILMEN

Resan Falun – Røros

En resa från världsarv till världsarv med häst och släde

Hela resan har också dokumenterats på film för att bättre kunna föra budskapet om forkörakulturen vidare. På filmen kan ni följa med på resan med alla forkörare genom skogar, över sjöar och upp på fjällen. Upplev strpatserna, historiska platser och underbara vyer. Dalarna Femund Spelmanslag medverkar med sång, musik och mycket skratt.

Filmen finns i två versioner
TV versionen 50 min
&
Forkörarversionen 120 minuter

Camera **Q**
Slottet
530 10 Vedum

Tel: 0512-408 36 Fax: 0512-40837
email: stefan@cameraq.com
www.cameraQ.com

Resan Falun - Røros

En resa från världsarv till världsarv med häst och släde

Text:
Sigurd Svendsen

Översättning och textbearbetning:
LaVonne Quinth
Stefan Quinth

Fotografer:
Stefan Quinth
Nils-Börje Johansson

Formgivning:
LaVonne Quinth
Sigurd Svendsen
Stefan Quinth

Digital scanning: Prinfo Vårgårda Tryckeri
Tryck och repro: Almqvist & Wiksell Tryckeri 2003
Papper: 150g Galerie art silk
Typsnitt brödtext: Adobe Garamond
Rubriker: Zapfino, Adobe Garamond SC
Bildtext: Adobe Garamond Italic

Boken kan beställas från:

Camera Q
Slottet
530 10 Vedum
Sverige
Tel. 0512-40836
Fax. 0512-40837
Email: stefan@cameraq.com
Hemsida: www.cameraq.com

Dalarna Femund Forkörarförening
2555 Tufsingdalen
Norge
Tel. 90915392
Tel. 62497720
Hemsida: www.dalarnafemund.com

ISBN 91-631-4520-0